Gold/Bäumler

Lazy

So leicht kann Gärtnern sein

Tobias Gold/Martina Bäumler

Lazy

So leicht kann Gärtnern sein

Für alle, die im Garten wenig tun und viel genießen wollen

blv

Lazy
Der Inhalt

Lazy

Die Idee vom leichten Gärtnern

Lazy

So gelingt die Gestaltung

Lazy

So wird das Arbeiten leichter

Lazy

Jetzt geht's ans Feiern und Genießen

Anhang

Lazy

Die Idee vom leichten Gärtnern

Wer sich hier wiedererkennt,
mag es sicher auch im Garten lazy

Einleitung

Gärtnern, aber lazy – das ist der Trend unserer Zeit

Bunte Üppigkeit: Sieht mühsam aus, sprießt aber aus eigenem Antrieb.

Es gibt Gärten, die zwölf Monate im Jahr

umsorgt sein wollen. In solchen Gärten wird unablässig gesät, gepflanzt, gejätet, gemäht, gehäufelt, geschnitten, gestutzt, gesägt, gegossen, gewässert, gesprengt, gespritzt, umgewendet, umgegraben und umgeschichtet. Nicht einmal im Winter gibt so ein Garten Ruhe. Dann wird gesichtet, geordnet, gereinigt, geputzt, geschliffen, geschärft, geschmiert, geölt, vorgeplant, vorgezogen und vorgestrichen. Kurz: Es wird viel getan und wenig genossen.

Wir wollen Menschen, denen das alles ein Bedürfnis ist, keinesfalls umerziehen. Gartenarbeit kann zweifellos eine echte Erfüllung sein. Wer so denkt – okay, der braucht dieses Buch nicht.

Aber da gibt's doch noch diese unendlich vielen Menschen, die gern einen schönen Garten hätten, ohne unentwegt dafür schuften zu müssen. Die fragen sich: Soll es etwa nicht möglich sein, einen Garten einfach nur zu genießen? Kommt ein Garten nicht auch mit wenig Arbeit zurecht?

Ja, das geht.

Auch solche Gärten gibt es. Von ihnen ist in diesem Buch die Rede. Vom Tun, vor allem aber vom Lassen – dem Loslassen, Zulassen, Entspannen und Feiern –, und das alles zusammen macht das Lazy-Gärtnern aus!

Lazy spricht sich »läisi« und ist ein englisches Eigenschaftswort. Schmeichelhaft eingedeutscht würde man einen Lazy-Gärtner ungefähr beschreiben als jemanden, der die Arbeit nicht erfunden hat.

Für alle, die im Garten wenig tun und ihn stattdessen möglichst nur genießen wollen, ist dieses Buch gedacht. Hier wird gezeigt, wie leicht Gärtnern sein kann – lazy eben. Und das mit gutem Gewissen.

So ist es gedacht: Dem Garten geht's richtig gut, und dem Gärtner erst recht.

Ein geduldiger Garten ist für jeden Spaß zu haben

Feste feiern unter freiem Himmel ist wohl die beste Form, den Tag im Grünen zu genießen. Wenn der Garten Freude macht, dann sind auch Freunde jederzeit willkommen. Nur das Wetter muss noch mitspielen, der Garten tut's sowieso.

Wer mit netten Leuten plaudern, einen köstlichen Kuchen mit ihnen teilen oder einen guten Tropfen genießen will, braucht dazu vor allem Zeit. Diese Zeit braucht man nicht zu stehlen, die darf man sich einfach nehmen. Denn die Gärten in diesem Buch kosten nicht viel Zeit, sie lassen aber jede Menge Freiraum für die angenehmen Dinge des Lebens.

Gärtnern wird nur zu oft als Gewissensfrage (miss)verstanden. Der Garten scheint seine Besitzer alle Augenblicke vorwurfsvoll ins Gebet zu nehmen:
»Hast du schon die Stauden gegossen?«
»Hast du schon das Unkraut gezupft?«
»Hast du schon den Rasen gemäht?«
»Hast du schon die Hecke geschnitten?«
Jedes Nein auf diese und ähnliche Fragen nährt das schlechte Gewissen des Gärtners. Jede erledigte Arbeit wirft die Frage auf, weshalb die anderen Arbeiten liegen blieben. Doch wo bleibt der Genuss?

Es verhält sich mit einem Garten so ähnlich wie mit einem Wohnzimmer: So wahr man ein solches mindestens zweimal pro Woche gründlich saugen, die Teppichfransen täglich kämmen und die Fenster viermal im Monat putzen kann, so wird sich auch im Garten Arbeit finden lassen, die scheinbar Tag für Tag, Woche für Woche »abgehakt« werden muss.

Dieses Buch zeigt, dass es anders geht. Das Motto: Mehr Mut zum Laissez-faire!

Um wie viel erholsamer, angenehmer und entspannender ist es doch, die Stunden im Garten »einfach so« zu genießen, am besten im Kreise der Familie, guter Freunde, lieber Nachbarn oder netter Kollegen, die man immer schon mal einladen wollte.

Im Garten nur wenig arbeiten, dafür viel feiern! Gartenfeste nehmen ein ganzes Kapitel in Anspruch. Viel Erfolg dabei! Und vor allem: viel Spaß!

Gewonnene Zeit: Im Garten plaudern statt im Garten arbeiten.

Ein Garten – ja schon, aber die viele Arbeit?

Ein Garten ist zum Entspannen da. Nur zwischendurch wird auch gegärtnert, aber bitte lazy!

Für Menschen mitten im Leben sind Lazy-Gärten wie geschaffen: Erst der Job, dann noch Fortbildung, Fitness und Sport, zum Abtanzen in die Disko, auf ein Bier in den Jazz-Schuppen, ein paar Videos reinziehen, schnell noch im Internet surfen, vielleicht mal ein Date unter vier Augen – und dann auch noch Gärtnern? Ja, klar. Warum nicht?

Überall auf der Welt kann man schwierigen Zeitgenossen begegnen, die jedes Wort auf die Goldwaage legen, leicht mal etwas missverstehen oder eingeschnappt sind, wenn man sich eine Zeit lang nicht um sie gekümmert hat. Solche Individuen gibt es auch im Garten. Das sind jene schwierigen Pflanzen, die unausgesetzt irgendeiner Pflege bedürfen und einen Mangel an Zuwendung gleich mit Ausfallerscheinungen quittieren.

Auf der anderen Seite gibt es diese unverwüstlichen Typen, die nicht so leicht etwas krumm nehmen und trotz zeitweiliger Vernachlässigung anhänglich bleiben. Im Buch kommen nur solche Gewächse vor – wir nennen sie »Lazy-Pflanzen« –, die gerade mal ein Minimum an Aufwand und Pflege erfordern. Alle empfohlenen Pflanzkombinationen finden sich im Wesentlichen allein zurecht, brauchen nur eine gewisse Starthilfe und können dann weitgehend ihrem Schicksal überlassen bleiben. Es macht nichts, bei ihnen nur ab und zu nach dem Rechten zu sehen und sie während der restlichen Zeit des Jahres glatt zu »vergessen«. Lazy-Pflanzen eignen sich also ideal für Leute, die in ihrem Leben noch etwas anderes vorhaben als Gartenarbeit.

Was für Leute sind denn das? Nun, das sind

- **Singles** – Leute, die ihr Leben allein bestreiten, gewollt, aber auch ungewollt. Wohlgemerkt: allein, nicht einsam!
- **Yuppies** – die inzwischen längst allbekannten »Young Urban Professional People«. Also junge Leute, die in der Stadt leben und mit ganzer Seele ihrem (in aller Regel gut entlohnten) Beruf nachgehen. Auch Yuppies wissen einen schönen Garten zu schätzen – wenn der doch bloß nicht so viel Arbeit machen

würde! Moment bitte: viel Arbeit? Lazy-Gärten machen Spaß – keinen Stress!

- **Dinks** – sie treten paarweise auf, haben »Double income, no kids«, also beide ihr eigenes Ein- und Auskommen, aber keine Kinder – jedenfalls noch nicht. In finanzieller Hinsicht steht einem Garten nichts im Wege. Aber viele Dinks ahnen kaum, dass sie sich nach einem Garten sehnen. Die Autoren dieses Buches ahnen es nicht nur – sie wissen es.
- **Lats** – auch diese jeweils zu zweit auftretenden Mitmenschen sind herzlich aufgefordert, sich aufs Lazy-Gärtnern einzulassen. »Living apart together« heißt ja nichts anderes, als dass beide Partner trotz fester Bindung in getrennten Wohnungen leben. Wie ließe sich das sehnsuchtsvolle Warten auf das Klingeln an der Wohnungstür schöner vertreiben als in einem friedvollen Garten?

Jawohl, sie alle

sind gemeint: Singles, Yuppies, Dinks, Lats und wie sie alle heißen, tanzen – mal im wörtlichen, mal im übertragenen Sinne – auf vielen Hochzeiten, gehen zwischendurch für zwei, drei Wochen auf Reisen und wollen »fun« statt Frust. Bei etwaigem Werkeln im Garten können sie die Jobs nicht an eine vielhändige Familie delegieren. Also müssen sie auf einen Garten verzichten? Nein, nein, eben nicht: Es geht doch auch lazy!

Und die Yolpies

nicht zu vergessen: Früher sprach man ganz uncharmant von den Alten. Heute gesteht man ihnen auch verbal die Würde ihrer reifen Jahre und ihren reichen Erfahrungsschatz zu, indem man sie **Senioren** nennt. So soll es auch hier geschehen. Aber es klingt eben echt hip (und durchaus sehr wohlwollend), Menschen im dritten Drittel ihrer Lebensjahre als Yolpies, als »Young Old People« zu bezeichnen – als Menschen, die nur nach der Zahl ihrer Lenze nicht mehr ganz jung, im Kopf (und in den Gliedern) aber ganz und gar beweglich sind.

»Junge Alte« haben viel vor. Manche von ihnen sind fast unaufhörlich auf Achse, um ihre Kinder, Enkel und Urenkel zu besuchen. Andere erfüllen sich endlich den Traum von der Kreuzfahrt mit dem Luxusliner durch die Karibik oder buchen eine Studienreise zu Ägyptens Pyramiden oder den Vulkanen auf Hawaii. Im Winter wedeln sie im Pulverschnee spritzig zu Tal. Kaum wieder zu Hause, fängt der Malkursus im Kunstmuseum an, und dann sind da noch die Shopping-Tour in die City, die Skat-Runde, die Gymnastikstunden, der Bau eines neuen Carports für den Schwiegersohn und die Mithilfe im Haushalt der Schwiegertochter.

Erst der Alltag, dann der Garten: gute Erholung mitten im Leben.

Ab und zu bekommen die jungen Alten zu hören: »Wie schön für dich, jetzt bist du im Ruhestand. Jetzt hast du alle Zeit der Welt.« Viele der jungen Alten verstehen nicht, wie das gemeint ist: »Zeit? Ich habe keine Zeit! Ich bin im Unruhestand. Das ist ein Fulltime-Job.«

Natürlich gibt es viele Senioren,

denen der Garten ein lieb gewordenes Hobby ist. Sie verbringen so gut wie jede freie Minute zwischen Phlox, Rittersporn und Zwergmispel, investieren viel Zeit, Mühe und Kraft in ihre Obstbäume, Rosensträucher und Hecken, knien oft und gern in den Gemüsebeeten und schleppen schwere Gießkannen bis in die hintersten Winkel des Gartens. Diese jungen Alten sind zu beglückwünschen, haben sie doch sicher ein besonders schönes – wenn auch manchmal etwas anstrengendes – Hobby.

Aber die vielen anderen Senioren, die zwischendurch vielleicht Violoncello oder Flöte üben wollen, um im Orchester der Kirchengemeinde mitzuspielen, oder die den Enkeln bei den Hausaufgaben helfen oder die Videos des Ägäis-Urlaubs vorführfertig machen oder, oder, oder – viele dieser umtriebigen jungen Alten können sich ihrem Garten nur zeitweise widmen. Aber trotzdem soll er lebensfreundlich und attraktiv sein – was geht schon über ein Frühstück mit duftendem Kaffee und knusprigen Brötchen auf einem Sitzplatz in der Morgensonne? Aber bitte: Zeit soll der Garten nicht kosten, sondern lassen! Also nicht gar so viel Arbeit machen!

Kurz: Auch Yolpies, junge Alte und Senioren wollen mehr Zeit haben im Garten und es lieber lazy angehen.

Schönes Lazy-Beispiel: Taglilien wirken wählerisch, sind aber sehr genügsam.

Gänzlich ohne

aktives Handeln geht's allerdings nicht. Das kann und will auch unser Buch unter dem Lazy-Motto nicht versprechen. Aber es ist doch wohl ein Unterschied, ob der Mensch gärtnert, oder ob er ackert!

In den Gärten, die dieses Buch mit Fotos, Plänen, Tabellen und Texten anschaulich und leicht verständlich präsentiert, wird nicht geschuftet! Hier ist Lazy-Gärtnern angesagt. Das heißt Punkt für Punkt:

- Gute Planung vermeidet von Anfang an, dass die Gartenanlage kosten- und zeitaufwändig korrigiert werden muss, weil die Pflanzen nicht zueinander passen.
- Lazy-Pflanzen blühen genauso freudig und unermüdlich wie die anderen, sind aber weniger anspruchsvoll.
- Lazy-Pflanzen kommen mit minimaler Pflege aus. Selbst ein Rückschnitt, falls doch einmal nötig, hält sich in Grenzen.
- Lazy-Pflanzen sind standfest, brauchen also kaum je Stütze oder Stab.
- Lazy-Pflanzen sind robust gegen Krankheiten und Schädlinge. Das gilt für die im Buch empfohlenen Stauden ebenso wie für Rosen oder Obstgehölze.
- Die Sommerblumen unter den Lazy-Pflanzen samen sich – einmal an Ort und Stelle gesetzt – in den folgenden Jahren immer wieder von selbst aus.
- Lazy-Pflanzen sind keine Exoten! Es gibt sie in allen einigermaßen gut sortierten Gärtnereien und Garten-Centern zu kaufen – ob im Norden oder Süden, ob im Westen oder Osten.

Ein schöner Garten gehört einfach zur Familie

Gärten und Kinder sind Freunde, und auch die Eltern spielen mit.

Manche Gärten sind wie Bilder im Museum: Man darf sie jederzeit betrachten und bewundern, aber bitte nicht berühren. Fällt der Besucher aus dem Rahmen, macht sich eine Alarmanlage bemerkbar. Im Familiengarten hat sie eine elterliche Stimme und ruft die Kinder zur Ordnung. Schade eigentlich, denn die meisten Gärten sind ausgesprochen kinderlieb. Und die in unserem Buch gezeigten Vorschläge sind es so gut wie alle.

Ein Lazy-Garten ist auch und gerade eine Familienangelegenheit. Kinder können sehen, staunen, eigenhändig mitmachen. Sie können schmecken, dass eine an der Staude gereifte Tomate nicht nur rote Backen hat, sondern echt total super schmeckt. Sie dürfen ihren Ohren trauen: Es sind wirklich Vögel, die da zwitschern, und Blätter, die mit jedem Windhauch spielen.

Die Familie ist aber immer auch eine Zeitfrage. Die Kinder verlangen Aufmerksamkeit und haben ein Recht darauf. Sie wollen angeregt werden und sind »voll happy«, wenn auch mal ein Erwachsener ausgiebig mit ihnen spielt. Das geht fast nirgends besser als im eigenen Garten.

Ein Garten sollte kinderfreundlich, also tolerant sein und Platz bieten. Sein Unterhalt darf nicht so viel Zeit kosten, dass die spielwilligen Kinder alle Augenblick zu hören bekommen: »Moment, ich bin gleich da, ich muss nur noch den Rasen mähen.« Oder: »Jetzt nicht, ich komme aber bald. Ich muss nur noch schnell den Haselbusch zurückschneiden und die Dahlien ausgraben.«

Kinder wollen am liebsten einen Garten, der allen viel Zeit lässt. Die Erwachsenen wollen das ja eigentlich auch. Wenn doch bloß nicht immer so viel zu tun wäre! Viel zu tun? Augenblick, dagegen gibt's ein Mittel, und zwar ein ganz einfaches: Man lasse es lazy angehen!

Blättern, finden – und viel Erfolg beim leichten Gärtnern

Durch dieses Buch führt ein gerader Weg

Den **Teil I** (ab Seite 18) bilden die Gartenpläne: Hier sind alle wichtigen Garten-Situationen dargestellt – und natürlich zu jedem Problem die passende Lösung.

Im **Teil II** (ab Seite 100) gibt es die Anleitungen zu den wenigen (leider nicht ganz vermeidbaren) Arbeiten. Lazy heißt hier: Kaum etwas tun, das aber richtig!

Der **Teil III** (ab Seite 140) lädt dazu ein, die Früchte des Gärtnerns zu genießen: Es geht ums Feiern – mit Rezepten, die schon bei der Lektüre Appetit machen.

TIPP

Im Garten ist Spielraum für Fantasie, für Ideen, für Träume – und ganz konkret: zum Spielen. Nirgends geht das besser als auf einer schönen Rasenfläche. Doch dazu ist kein perfektes englisches Grün nötig – im Gegenteil. Toleriert man im Rasen ab und zu aufkommende Kräuter, sieht dies nicht nur hübsch aus, sondern man muss ihn auch seltener mähen.

Den Abschluss bildet eine tabellarische Gegenüberstellung der deutschen und botanischen Pflanzennamen. Die will hier keinen akademischen Eindruck machen, sondern hilft ganz konkret beim Kauf der empfohlenen Pflanzen. Dazu dient auch das Bezugsquellen-Verzeichnis für Pflanzen und gärtnerische Produkte.

So sieht das im Einzelnen aus

Die **Gartenpläne** führen jeweils an einem konkreten Beispiel vor Augen, wie attraktiv ein Vorgarten, ein Garten mit Terrasse, ein Garten mit Blumenwiese, ein Zaun mit Hecke etc. aussehen kann.

Eine detaillierte **Illustration** zeigt den Gesamteindruck des Gartenentwurfs. Ein knapper Text schildert die wesentlichen Ideen und Elemente der Anlage. Ziffern weisen auf die verwendeten Pflanzen und auf deren Namen hin. Zur zusätzlichen Erläuterung des Konzepts und der empfohlenen Bepflanzung gibt es in aller Regel (mindestens) eine weitere Seite.

Eine **Tabelle** mit den **Pflanzen-Porträts** schafft systematisch Klarheit: Die im Gartenplan verwendeten Pflanzen sind mit einer Art Passfoto und ihren Namen eindeutig identifizierbar. Außerdem enthält die Tabelle Angaben zur Wuchshöhe und Farbe, zu Zeitpunkt und Dauer der Blütezeit sowie Bemerkungen zu ihren auffälligsten Besonderheiten.

In den **Pflanzvorschlägen** kommen nur solche Gewächse vor, die garantiert kaum Arbeit machen – kurz: Lazy-Pflanzen!

Lazy-Pflanzen stehen ihren Geschwistern in herkömmlichen Gärten an Schönheit, Blühwilligkeit, Wuchsfreude, Duft und Fruchtbehang nicht – wirklich gar nicht! – nach, darüber hinaus sind sie aber äußerst genügsam und pflegeleicht.

Lazy-Gehölze beispielsweise wachsen genauso breit, dicht und hoch, wie sie sollen. Doch ab einer bestimmten Größe hören sie auf damit, sagt ihr sorteneigenes genetisches Wuchsprogramm »Halt«. Lazy-Bäume und -Sträucher legen es nicht darauf an, nach und nach den ganzen Garten zu vereinnahmen; sie bleiben zierlich – fast ohne Rückschnitt.

Der Lebensweg einer echten Lazy-Pflanze sieht ungefähr folgendermaßen aus: Sie kommt in die Erde, fühlt sich wohl und bleibt dort gern. Sie wächst und gedeiht, blüht und duftet, bringt vielleicht sogar gesunde Früchte hervor und besticht durch ihr attraktives Aussehen. Im Jahr darauf geht es genauso weiter: Sie wächst und gedeiht, blüht und duftet, bringt vielleicht sogar gesunde Früchte hervor und besticht durch ihr attraktives Aussehen. Jahr für Jahr.

Der Mensch steht da und staunt: Er braucht fast nichts zu tun und hat doch das ganze Jahr über Freude am Garten! Und ein blütenreines Gewissen hat er außerdem. Ja, so funktioniert es:

Lazy ist für Leute gedacht, die den Garten etwas leichter nehmen. Das ist (fast) schon das ganze Geheimnis.

- So gut wie alle im Buch genannten Pflanzen sind seit langem eingeführt und deshalb **problemlos erhältlich** – in Gärtnereien, Baumschulen und Garten-Centern. Wer nicht in der Nähe so einer Einkaufsmöglichkeit wohnt, findet eine Anzahl bewährter **Versandgärtnereien** am Schluss des Buches im **Bezugsquellen-Verzeichnis**. Für eine Bestellung per Post empfiehlt es sich, nur die botanischen Namen und genaue Sortenbezeichnungen anzugeben.

- Die **botanischen Namen** mögen vielleicht nach staubtrockener Wissenschaft klingen, sind aber im gärtnerischen Alltag konkurrenzlos praktisch: Ob jemand mit Flieder tatsächlich den Gemeinen Flieder oder möglicherweise Holler, eventuell auch Holder, jedenfalls Holunder meint, ist nicht auf Anhieb eindeutig. Ganz eindeutig ist aber der Unterschied zwischen *Syringa vulgaris* und *Sambucus nigra*.

- Ähnliches gilt für die **Sortennamen**: Bei Äpfeln ist in aller Munde, dass es nicht nur 'Granny Smith' und 'Golden Delicious' gibt, sondern auch 'Jonathan', 'Cox Orange', 'Ontario', 'Boskoop' und unzählige weitere Sorten. Am Obststand käme wohl kaum jemand auf die Idee, schlicht »ein Kilo Äpfel« zu verlangen – die Nennung einer Sorte gehört einfach dazu.

Bei Gartenpflanzen ist das genauso: Weil es Sommerblumen, Stauden, Rosen und Gehölze in abertausend **Sorten** gibt, in diesem Buch aber jeweils nur ganz bestimmte Lazy-Sorten empfohlen werden, ist die Nennung des Sortennamens unverzichtbar – ob im Laden oder auf dem Bestellzettel. Eine Sortenbezeichnung ist an der Schreibweise klar zu erkennen: Die Anführungszeichen am Beispiel der Rosen-Sorte 'Schneewittchen' zeigen es.

Alle Vorschläge in diesem Buch beruhen auf jahrelangen praktischen Erfahrungen: Professionelle Gärtner, die mit Liebe und Leidenschaft und viel Sinn für Ästhetik ans Werk gehen, bürgen dafür, dass die Pflanzen – sofern sie in der empfohlenen Weise behandelt werden – halten, was hier versprochen wird. Und dass sie nur gerade so viel Arbeit machen, wie sich nicht vermeiden lässt.

TIPP

Wenn's beim Feiern eher temperamentvoll zugeht und sich die Nachbarn wegen der damit verbundenen Geräusche gestört fühlen könnten, machen Sie's diplomatisch: Laden Sie doch diese Nachbarn einfach ebenfalls zum Fest ein! Wer selbst mittendrin ist, wird am Stimmengewirr, an der Musik oder am Grilldunst kaum Anstoß nehmen.

Noch eine Frage sei erlaubt. Was soll eigentlich so schlimm daran sein, dass eine Beetkante vielleicht nicht wie mit dem Lineal gezogen aussieht, die Rose hier und da einen Blütenkopf oder der Apfelbaum ein paar welke Blätter hängen lässt? Beim Lazy-Gärtnern geht es um Spass, nicht um Stress! Ein Garten ist ein Stück Natur, und in der Natur geht's nicht abgezirkelt, abgezählt und abgemessen zu, sondern locker – lazy eben.

Randbemerkung in eigener Sache: Die Verantwortlichen des Verlages hatten zeitweilig den Eindruck, dass dieses Buch trotz des verbindlichen Handschlags der Autoren niemals würde erscheinen können. Denn die beiden verkörpern das Prinzip des »Lazy working« nicht nur im Garten, sondern auf allen Ebenen des Daseins. Umso größer die Erleichterung, dass der Titel eines späten Tages doch noch in Druck ging. Dafür an dieser Stelle ausdrücklich ein Wort des Dankes an alle Beteiligten!

Lazy
So gelingt die Gestaltung

Wer den Garten richtig genießen will, fängt am besten gleich damit an

Vorgärten

Der erste Eindruck macht Lust auf mehr

Romantisch rund in rund: Garten-Hortensien und Buchs-Hochstämme.

Was bekommt man von einem Garten denn schon zu sehen, wenn man an einem Grundstück entlangspaziert? Erste Möglichkeit: gar nichts – weil eine Mauer oder ein dicht bewachsener Zaun alle neugierigen Blicke fern hält. Zweite Möglichkeit: den Vorgarten. Das bringt uns der Sache schon ein ganzes Stück näher.

So ein Vorgarten ist wie ein Aushängeschild: Er will gesehen werden und zeigt etwas von den Menschen, die dahinter leben. Er gehört auf eine geradezu paradoxe Weise zwei Welten an. Denn ein Vorgarten ist weder rein privat noch rein öffentlich, und doch ist er es sowohl als auch. Ein attraktiver Vorgarten ruft den Vorbeigehenden förmlich zu: Hallo, geht nicht teilnahmslos vorbei, bitte schenkt mir Beachtung!

In seiner Tiefe hat ein Vorgarten meist nur wenige Meter zu bieten, andernfalls müsste man ja seine erste Silbe streichen. Abgesehen von regionalen Unterschieden – in norddeutschen Gefilden sind Vorgärten allgemein etwas reichlicher bemessen als im Süden – haben der Charakter des Ortes, der Straße und der Siedlung Einfluss auf die Gestaltung. Kompromisslose Individualität, die aus dem stilistischen Zusammenhang der Nachbarschaft ausbricht, wirkt unangenehm geltungsbedürftig.

Der beschränkte Platz bedeutet natürlich auch eine Beschränkung im Umgang mit Pflanzen. Jede einzelne von ihnen steht offen auf der Bühne, keine kann sich hinter irgendwelchen Kulissen verstecken. Das Auftreten als Solotänzer hat den angenehmen Nebeneffekt, dass Großzügigkeit und Offenheit gewahrt bleiben. Es wäre verfehlt, den Vorgarten mit einer Fülle von Pflanzen zu überfrachten – das Motto »weniger ist mehr« gilt gerade hier für den, der's lazy mag.

Nur solche Stauden und Gehölze bekommen die Chance, in diesem Kapitel mitzuspielen, die – abgesehen von gelegentlichem Wässern – garantiert nur ein einziges Mal Mühe machen, und zwar im Moment ihrer Pflanzung.

Herzlich willkommen: Rosen, Salbei, Mohn und Spornblume lächeln dem Gast entgegen.

Baum und Strauch: Euer Auftritt bitte!

Wer es lazy mag, hat keine Freude an Pflanzen, die ständiger Zuwendung bedürfen. Sie müssen schön, aber vor allem pflegeleicht sein. Sein Motto: ab in die Erde damit, und dann tschüss.

Wir empfehlen nur solche Gehölze (das ist der Sammelbegriff für Bäume und Sträucher), die von vornherein nicht den Ehrgeiz haben, in den Himmel zu wachsen, woraufhin man sie ja alle paar Jahre zurückschneiden müsste. Das würde zusätzliche Arbeit machen und die Gehölze verstümmeln. Ihre natürliche, oft eigenwillige Wuchsform würde durch Schnitt nur gestört. Die in den Pflanzplänen und Tabellen genannten Arten bleiben ein Leben lang ziemlich klein und entfalten ihre Schönheit passgenau im knappen Rahmen des Vorgartens. Jedes einzelne dieser Kleingehölze wird zu einer Art Hauptdarsteller – stets vor aller Augen.

Die Gehölze spielen die tragenden Rollen. Eine von ihnen ist im halbschattigen Vorgarten zum Beispiel mit dem Rotblättrigen Fächerahorn besetzt, des schönen Wuchses und der tollen Herbstfärbung wegen. Ebenfalls geschätzt ist die Zaubernuss. Ihre Blüten kommen gerade recht zur Faschingszeit, erinnern sie doch an goldgelbe Luftschlangen. Ebenso kann sich die rötliche Herbstfärbung sehen lassen – wie das auch für die Felsenbirne gilt. Im Mai erinnert deren Blütenfülle an verspäteten Neuschnee.

Die Samt-Hortensie, an die zwei Meter hoch, mit dunkelgrünen samtartigen Blättern und hellvioletten Blütentellern, vermittelt ein Bild tropischer Üppigkeit.

Auch möglich: Die ballförmigen rosa oder blauen Blüten der etwas niedrigeren Garten-Hortensie, die im Sommer nicht zu übersehen sind. Als weitere markante Kleingehölze, die in den Rahmen eines Vorgartens passen, eignen sich wintergrüne Arten wie Buchs, Eibe, Lebensbaum (Thuje), Stechpalme (Ilex) sowie einige klein bleibende Zypressen- und Wacholder-Arten.

Ideal auch für kleinere Gärten: Die Kugel-Robinie wächst nicht in den Himmel.

Echt lazy: Schneiden ist bei Rhododendren so gut wie nie notwendig.

Für saure Böden

sind Rhododendren wie geschaffen. Sie haben zwar nur eine recht kurz bemessene Blütezeit und begleiten das übrige Jahr mit ernstem Grün, geben sich aber pflegeleicht. Wie gesagt: Für die meisten Rhododendren muss der Boden sauer sein, und wo er es nicht schon ist, da lässt sich mit reichlich Torf oder entsprechenden Ersatzstoffen nachhelfen.

Die filigranen Zaubernuss-Blüten begrüßen das Frühjahr.

Um den Rhododendren aber ihren unverkennbar norddeutschen Zungenschlag abzugewöhnen, wurden inzwischen einige Sorten gezüchtet, die auch und gerade mit kalkhaltigen Standorten klarkommen. Dank solcher Neuzüchtungen steht dem Einzug in süddeutsche Gärten nichts mehr im Wege. Eine Rhododendronpflanze legt im Laufe der Jahre ganz schön an Umfang zu. Deshalb sollte es im Vorgarten bei einem oder zwei Exemplaren bleiben. Deren kleinere Schwestern – die nicht minder sehenswerten Azaleen – bescheiden sich von vornherein mit wenig Platz.

Ein Hausbaum

bleibt Vorgärten mit größerer Tiefe vorbehalten, die als Spielfeld einer höheren Liga dienen können. Üblicherweise versteht man darunter eine Walnuss mit mächtiger Krone, eine Linde oder einen in die Höhe strebenden Birnbaum, wie sie zum althergebrachten Erscheinungsbild eines Bauernhofs gehören.

Für Vorgärten üblicher Größe kommen nur solche Exemplare in Frage, deren Kronen ihre kompakte Form mit Sicherheit beibehalten, also zum Beispiel (nomen est omen) Kugel-Ahorn oder Kugel-Robinie bzw. -Akazie, wie sie auch genannt wird. Solchen kompakten Gehölzen fällt ersatzweise die Rolle eines Hausbaums zu, der dem Eingang eine unverwechselbare Note – quasi eine lebendige Hausnummer – gibt. Von größer werdenden Laub- und Nadelgehölzen sei im normalen Vorgarten abgeraten, und zwar aus gutem Grund: Die Blautanne zum Beispiel, botanisch korrekt Blaufichte, sieht zwar in den

TIPP

Der Trompetenbaum

bildet eine majestätische und dabei lichte Krone mit markanten herzförmigen Blättern. Fulminant sind die im Juni und Juli erscheinenden Blütenkerzen. Damit sich der Baum ungehindert zu voller Schönheit entwickeln kann, sollte der Vorgarten jedoch mindestens acht Meter tief sein.

Klein bleibende Lazy-Gehölze

	Name	Blütezeit (Monate)	Höhe (m)	Bemerkungen
	Rotblättriger Fächerahorn *(Acer palmatum* 'Atropurpureum')	5	3–5	Der Baum wächst langsam, läuft dem Gärtner also nicht aus dem Ruder. Er wurzelt flach und bildet im Alter eine schirmförmige Krone aus.
	Schlitzahorn *(Acer palmatum* 'Dissectum')	5	2	Im Unterschied zu der Sorte 'Atropurpureum' (oben) mit ihrem roten Laub hat 'Dissectum' hellgrüne, geschlitzte Blätter, die im Herbst orangefarben aufleuchten.
	Schmetterlingsstrauch *(Buddleja davidii*-Hybriden)	7–10	2–3	Die kegelförmigen Blütenrispen leuchten dem Betrachter entgegen, sie blühen nimmermüde und üben auf Schmetterlinge eine geradezu magische Anziehungskraft aus.
	Samt-Hortensie, Fell-Hortensie *(Hydrangea aspera* var. *sargentiana)*	7–8	1,5–2,5	Die Samt-Hortensie bringt einen Hauch von Tropen in den Garten. Ebenso apart wie die samtigen Blätter sind die tellerförmigen Blüten – am Rand weiß, nach innen zu hell violett.
	Zierkirsche *(Prunus sargentii* 'Accolade')	4	3–4	Die zierlichen Zweige sind im April mit unzähligen rosaroten Blüten überschüttet. Verständlich, dass in Japan die Zeit der Kirschblüte landesweit festlich begangen wird.
	Geschlitztblättriger Essigbaum *(Rhus typhina* 'Laciniata')	6–7	3–4	Mit seinen tief geschlitzten Blättern zeigt der Essigbaum ein interessantes Bild, vor allem im Herbst, wenn das Laub orangefarben erglüht.
	Kugel-Robinie *(Robinia pseudoacacia* 'Umbraculifera')	–	4–6	Sie bleibt zeitlebens überschaubar, die kugelförmige Krone kompakt und geschlossen – ideal also für etwas beengtere Platzverhältnisse. Einziger Nachteil: Auf Blüten wartet man vergebens.
	Säuleneibe *(Taxus baccata* 'Fastigiata')	3–4	3–5	Es handelt sich um die zeitlebens schlank säulenförmige Spielart der Eibe. Sehenswert sind die (leider giftigen!) roten Früchte, die wie Beeren aussehen.

ersten Jahren noch recht putzig aus, erreicht aber später gut und gern 20 Meter. Dann drückt sie das Haus förmlich an die Wand und wirft so viel Schatten, dass man im Haus mitten an einem sonnigen Tag das Licht anknipsen muss.

Wo genug Platz ist, braucht man keine Hemmungen zu haben, größere Gehölze zu pflanzen, sofern zwischen Baum und Haus genügend Abstand gewahrt bleibt. Denn in jedem Fall wird ein stolzes Gehölz zwar langsam, aber stetig größer und kann das Gebäude – oben mit seiner Krone, unten mit dem Wurzelwerk – in arge Bedrängnis bringen. Auch sind über den Gehweg ausgreifende Zweige nicht jedermanns Freude.

Geschlossene Hecken sind im Vorgarten nicht »das Gelbe vom Ei«: Sie engen ein, halten alles von außen Kommende ab, wohlgemerkt auch unsere Freunde. Gegen ungebetene Zeitgenossen bieten sie – ebenso wenig wie ein Zaun – ohnehin keinen Schutz.

Was für ein Glück, zumal für die Besitzer knapp bemessener Vorgärten, dass die Baumschulen und Garten-Center eine Vielzahl von Gehölzen bereithalten, die garantiert nur kleine Kronen ausbilden und nicht höher als ungefähr vier Meter werden (siehe Tabelle links).

Die Großen zuerst,

das Fußvolk muss warten. Bei der Bepflanzung des Vorgartens sollte eine erprobte Reihenfolge eingehalten werden, damit ein harmonischer Gesamteindruck entsteht und aufwändige Korrekturen von Anfang an vermieden werden: von groß nach klein, von oben nach unten.

Gehölze: Hortensien und Säuleneibe.

- **Gehölzen** gebührt der Vortritt: freie Platzwahl, solange noch kein anderes Gewächs vorhanden ist.
- **Stauden und Sommerblumen** kommen im zweiten Durchgang an die Reihe.
- **Bodendecker** finden reichlich Platz, wo sich keine Gehölze und Stauden breit machen. Sie sind zwar Kriecher, gebärden sich aber nicht unterwürfig, sondern ausgesprochen raumgreifend.

Sommerblumen und Stauden: Mohn, Stockmalven …

Geringer Aufwand, viel Effekt:

Die in den Pflanzplänen empfohlenen Stauden brauchen meist nur einmal im Jahr – und zwar im Herbst – unmittelbar in Bodennähe abgeschnitten zu werden. Die Bodendecker bleiben sich selbst überlassen. Und wie steht's mit dem Winterschutz? Kein Thema, nicht nötig!

Bodendecker: Elfenblume und Lungenkraut.

Fragen zur Zeit

- **Der Herbst** ist die beste Pflanzzeit für Bäume und Sträucher sowie für bodendeckende Gehölze.
- **Das ganze Jahr über** kann man Containerpflanzen einsetzen – sowohl Blumen als auch Rosen und Gehölze. Nur bei Bodenfrost muss man davon absehen.

Gute Wahl: Qualität zahlt sich auf Dauer aus.

Vorgarten am Reihenhaus

Der Vorgarten von nur etwa zwei Metern Tiefe wird von einem feurigroten Fächerahorn beherrscht, der dem Vorgarten optisch Halt gibt. Den Schwerpunkt gegenüber bildet eine Strauchrose, in unserem Beispiel die gut einen Meter hohe Sorte 'Angela'. Sie ist von Frühsommer bis Spätherbst mit nostalgisch wirkenden, rosafarbenen Schalenblüten übersät. Die Haustür wird von einer Säuleneibe flankiert, die zwölf Monate pro Jahr einen tiefgrünen Akzent setzt, auf der anderen Seite von einer filigranen Clematis, die mit ihren Ranken und Blüten das Vordach umspielt.

Ein Herbst-Eisenhut steht mit seinem intensiven Blau im Kontrast zum Fächerahorn. Die Fingerhut-Gruppe blickt mit ihren Blütenkerzen zum Küchenfenster hinein – einmal gepflanzt, säen sie sich von selbst aus. Ihnen zu Füßen eine Taglilie, eine markante und zugleich äußerst pflegeleichte Staude mit elegant überhängenden Blättern. Bodendecker bringen Tiefe in die Pflanzung und verhindern, dass sich Unkraut einstellt.

1. **Rotblättriger Fächerahorn *(Acer palmatum* 'Atropurpureum')**
2. **Herbst-Eisenhut *(Aconitum carmichaelii)***
3. **Immergrün *(Vinca major)***
4. **Gedenkemein (*Omphalodes verna)***
5. **Fingerhut *(Digitalis purpurea)***
6. **Taglilie *(Hemerocallis*-Hybride)**
7. **Clematis *(Clematis viticella* 'Betty Balfour')**
8. **Säuleneibe *(Taxus baccata* 'Fastigiata')**
9. **Efeu *(Hedera helix)***
10. **Strauchrose 'Angela'**

Vorgarten am frei stehenden Haus

1. Storchschnabel *(Geranium macrorrhizum* 'Spessart')
2. Herbst-Anemone *(Anemone hupehensis* 'Septembercharme')
3. Herbst-Anemone *(Anemone hupehensis* 'Wirbelwind')
4. Herbst-Eisenhut *(Aconitum carmichaelii* var. *wilsonii)*
5. Taglilie *(Hemerocallis*-Hybride)
6. Samt-Hortensie *(Hydrangea aspera* var. *sargentiana)*
7. Fingerhut *(Digitalis purpurea)*
8. Federmohn *(Macleaya cordata)*
9. Gold-Waldrebe *(Clematis tangutica)*
10. Buchsbaum *(Buxus sempervirens)*
11. Becherfarn *(Matteuccia struthiopteris)*
12. Zwerg-Astilbe *(Astilbe chinensis* var. *pumila)*
13. Schaublatt *(Astilboides [=Rodgersia] tabularis)*

Diese Bepflanzung für einen größeren Vorgarten mit einer Tiefe von knapp vier Metern ist so ausgelegt, dass es im Laufe des Jahres jederzeit etwas zu bestaunen gibt: Wenn Taglilie, Federmohn und Samt-Hortensie längst vergessen haben, was eine Blüte ist, legen Herbst-Anemone und Herbst-Eisenhut erst so richtig los. Den Buchs lässt solches Wetteifern kalt: Er ist schlicht und einfach grün, aber das (fast) immer.

Die Samt-Hortensie bildet den Schwerpunkt in der linken hinteren Ecke. Mit ihrem charakteristischen Wuchs – samtartige Blätter, hell-lila Tellerblüten – zaubert sie tropische Atmosphäre in unsere Breiten. Der den Hauseingang flankierende Federmohn mit seinen an die drei Meter hohen Blütenständen und den großen, gelappten Blättern unterstützt diesen Effekt zusätzlich. Rechts vorne bildet ein Schaublatt – nomen est omen – einen Blickfang und zugleich einen Kontrast zu dem feinen Laub des Becherfarns. Auch hier verhindern Bodendecker, dass sich Unkraut ausbreitet.

Bodendecker wie die Golderdbeere schließen die Bepflanzung.

Ratsam ist es, den Federmohn in einen unsichtbar im Erdreich versenkten Eimer oder Betonring zu pflanzen, dessen Boden für den Wasserabzug durchlöchert ist. Dann kann sich die Pflanze mit ihren Ausläufern nicht ungezügelt bis in die weitere Umgebung ausbreiten.

Vor dem Küchenfenster sind einige Fingerhüte versammelt, die sich – einmal dort beheimatet – von selbst aussamen. Die Taglilien gehören zu den robustesten Stauden – kaum zu glauben, lassen ihre Blüten doch an Orchideen denken. Sie blühen im Sommer je nach Sorte von Zartgelb bis Dunkelrot. Auch einem Gärtner, der es lazy mag, halten sie jahrelang die Treue. Der tiefblaue Herbst-Eisenhut und die rosafarbenen Herbst-Anemonen bilden eine hübsche Blühgruppe.

Bodendecker dürfen

in einer echten Lazy-Pflanzung nicht fehlen. Wir empfehlen hier: eine niedrig bleibende Storchschnabel-Art, die im Juni/Juli einen zartrosa Blütenhauch über den grünen Blätterteppich legt, und die flache Teppich-Astilbe mit zart gefiederten Blättern und lila-rosa Blütenkerzen im Herbst. Beide haben sich als unverwüstliche Bodendecker bewährt, und lassen Unkraut kaum eine Chance.

Rechts vom Hauseingang klettert eine Gold-Waldrebe empor. Auch sie ist außerordentlich genügsam, schmückt sich den Sommer über mit goldgelben Blütenglöckchen und im Herbst mit silbrigen, perückenartigen Fruchtständen. Davor befindet sich ein Buchs, der das im Winter so begehrte Grün in die Pflanzung bringt. Einige Becherfarne beleben das Bild mit ihren prägnanten Blattwedeln, die sich im Frühling entrollen und dabei wie Bischofsstäbe wirken.

Als markanter Einzelpunkt steht vorne rechts ein Schaublatt mit tellerartig großem Laub. Nur in Gegenden mit Hagelgefahr ist davon abzuraten, hier wählt man besser die Art mit zerteiltem Blatt.

Je früher die Farben,

desto größer die Freude:

In manchem Frühjahr hat es den Anschein, als wolle die Natur nicht in die Gänge kommen. Umso stärker ist die Sehnsucht nach ein paar frischen Farben, die das winterliche Grau übertönen.

Um das zeitige Frühjahr angemessen zu begrüßen, schicken Sie einfach ein paar Unerschrockene vor: Schneeglöckchen, Winterlinge, Botanische Krokusse und Blausternchen spitzen bereits aus dem Schnee, wenn die anderen Blütenpflanzen noch Winterschlaf halten.

Streuen Sie also einige Hand voll Zwiebeln und Knollen dieser Arten in Ihrem Vorgarten aus, und zwar auch im Bereich der Bodendecker. Tulpen und Narzissen zeigen sich im April/Mai und wollen effektvoll in Erscheinung treten. Setzen Sie deshalb die Zwiebeln gleich gruppenweise in die Erde – als Solisten würden sie ausgesprochen verloren wirken.

Wer es mit den Tulpen gut meint, schneidet alles Verblühte weg, nicht aber die Blätter. Diese braucht die Pflanze als

Tulpe
Kraftvolle Farbtupfer im Frühjahr

Narzisse
Leuchtende Gelbtöne in allen Varianten

Krokus
Zart, aber durchtrainiert und jedes Jahr gut gelaunt

Zwiebelblumen verschaffen dem Frühling einen farbenfrohen Auftritt.

Kraftreservoir für ihre Zwiebel, um vital in die nächste Saison starten zu können. Anschließend welken die Blätter und ziehen ein.

Die besten Plätze

für Tulpen, Narzissen und Hyazinthen liegen in der Nähe des Hauseingangs, mitten im Blickfeld. Was die Wahl der Hyazinthen betrifft, sehen die einfach blühenden Sorten gefälliger aus als die etwas steif und pompös wirkenden gefüllten Sorten. Narzissen machen sich verstreut in kleinen Gruppen vor Gehölzen besonders gut.

Wen es stört, dass ihr Laub nach der Blütezeit vergilbt, der weist diesen Zwiebelgewächsen einen Platz hinter den Stauden zu. Letztere werden recht bald hoch genug, um Ihnen den Anblick des verblassenden Blattwerks zu ersparen. Die Zwiebeln können jahrelang im Boden bleiben und blühen immer wieder. Wenn das nicht lazy ist!

Wer die Zwiebelblumen in Schalen pflanzt, kann sie nach der Blüte einfach beiseite stellen und so die allmählich vergilbenden Blätter aus dem Blickfeld verbannen. So eine Schale kann auch – sozusagen als optischer Aperitif für den eintretenden Gast – direkt am Hauseingang oder in einer Lücke zwischen den Bodendeckern platziert werden.

Terrasse

Ein Platz für die Sonne und andere liebe Gäste

Was wäre diese Terrasse ohne so einen blühenden Rahmen?

Sie ist ein Zwischenreich,

denn sie trennt und verbindet zugleich. Eine Terrasse vermittelt zwischen der Innenwelt des Hauses und dem Garten, der ja als grünes Wohnzimmer unter freiem Himmel gelten kann. Bei Planung und Gestaltung einer Terrasse ist zu bedenken, ob man die pralle Sonne und/oder eventuelle Seitenblicke der Nachbarn als lästig empfindet. Je nachdem sollte man sich durch Beschattung oder Sichtschutzwände davor bewahren. Außerdem spricht alles für eine nahtlos in den Gartenraum übergehende Anlage, wobei die Terrasse so gestaltet wird, dass man sich nicht wie auf einem Präsentierteller fühlt.

Hauptmerkmal einer Terrasse ist der Bodenbelag. In unseren Entwürfen schlagen wir Platten aus Kunststein (Beton, Klinker) beziehungsweise Naturstein (Quarzit, Granit, Sandstein) vor.

Sehr beliebt sind auch Böden aus Holzdecks, die auf Lagerhölzern ruhen und an einen Bootssteg erinnern. Wer kesseldruckimprägniertes Holz wählt oder solches, das von Natur aus reich an Gerbstoffen ist (zum Beispiel Lärchenholz), braucht sich in Sachen Dauerhaftigkeit keine Gedanken zu machen, denn zehn bis 15 Jahre hält so eine Holzterrasse allemal. Absolut unverwüstlich sind hingegen Steinplatten, aber auch spürbar teurer, vor allem dann, wenn es sich um Naturstein handelt.

Klinkerboden
Dauerhaft und pflegeleicht

Holzboden
Natürlich und nett zu den Füßen

Natursteinboden
Aufwändig, aber unverwüstlich

Damit eine Terrasse als optimale Verbindung zwischen innen und außen wirken und als Ort der Kommunikation, zum Genießen und Entspannen dienen kann, sollte sie nicht viel kleiner sein als in den gezeigten Beispielen. Im günstigsten Fall entspricht ihre Größe dem angrenzenden Wohnzimmer, das sie im Freien fortsetzt. Aber vor dem Umkehrschluss – je größer, desto besser – sei gewarnt: Terrasse und offene Gartenfläche wirken nur dann wirklich überzeugend, wenn die Proportion zwischen ihnen stimmt.

Das Schöne an einer Terrasse ist, dass sie als Bühne dient und nicht den Anspruch erhebt, selbst eine prominente Rolle zu spielen. Den Stil der Bepflanzung und des Mobiliars bestimmen die Besitzer. Wenn sich Geschmack oder Ansprüche wandeln, ist die Terrasse bereit für ein neues Bühnenbild, und das immer wieder, Jahr für Jahr, natürlich auch während der laufenden Gartensaison.

Lauschige Terrasse und idyllischer Teich, was will der Mensch mehr?

An der Grenze

zwischen Haus und Garten stehen die Pflanzen voll im Blickfeld: Jede einzelne von ihnen wird genau beäugt, muss kritischen Blicken aus nächster Nähe standhalten, als sei sie eine Zimmerpflanze, und alle gemeinsam sollen so tun, als könnten sie nirgends besser gedeihen als in dieser Gemeinschaft.

Den Rand der Terrasse in unserem Reihenhaus-Beispiel bildet ein Beet, das dem Auge zu jeder Jahreszeit etwas bieten kann, ob mit den Farben der Blüten oder mit den Blatt- und Wuchsformen.

Im Vordergrund – von der Terrasse aus gesehen – steht ein Horst Feinhalm-Chinaschilf. Im Gegensatz zu den weitaus größeren Schwestersorten bleibt es mit höchstens 1,50 m im überschaubaren Rahmen. Mit ihren eleganten Blättern zieht dieses schöne Gras als Eckpunkt der Staudenpflanzung die Blicke auf sich, vor allem im Herbst und Winter. Als Pendant dazu empfiehlt sich das Lampenputzergras, das seine walzenförmigen Blütenähren ab Juli präsentiert. Bescheidener im Auftreten ist der Gletscherschwingel, er dient als unauffälliger Bodendecker.

Der Salbei 'Blauhügel' macht seinem Namen alle Ehre, denn er bildet tatsächlich einen Hügel voller blauer Blüten. Dabei verlangt er ebenso wenig Pflege wie die Beetrosen der Sorten 'Schneeflocke' und 'Mirato'. Diese werden 40–60 cm hoch, blühen strahlend weiß beziehungsweise leuchtend pink, und das in mehreren Schüben bis in den Spätherbst hinein. Im Gegensatz zu vielen anderen sind diese beiden Rosen unempfindlich gegen Sternrußtau, einer Pilzkrankheit, die zum Blattfall ab Sommer und nachlassender Blüte führt. Sie sind damit ausgesprochen lazy, denn an ein Spritzen braucht man bei ihnen gar nicht erst zu denken.

Die Kugeldistel zeigt ihr Blaulila schon vor dem Erblühen, um es in der Blütezeit nochmals zu steigern. Ihre Charakterköpfe prägen das Beet auch noch danach (bis in den Winter) und bieten sich schließlich als Trockenblumen an – und das alles, obwohl sie sich mit kargem Steppenboden zufrieden gibt. Optischen Halt an der Ecke des Beetes bringt ein Buchs, dessen Kugelform sich leicht schneiden und in Form halten lässt.

Für eine dichte Bodendecke sorgt ein floraler Teppich aus der bewährten Gold-Fetthenne 'Weihenstephaner Gold' oder, alternativ, aus Pfingstnelken mit ihren stahlblauen, grasartigen Blättern. Je enger und damit zahlreicher man bei der Pflanzung diese Bodendecker setzt, desto zügiger bildet sich ein lückenloser Bewuchs. Wer den Geldbeutel weniger strapazieren und stattdessen mehr Geduld aufbringen will, kauft nur 6–10 statt 12–15 Pflanzen pro Quadratmeter und wartet eben ein oder zwei Jahre länger, bis sich die Bepflanzung schließt.

Zur Umgrenzung des Beetes bietet sich eine Mähkante an: Bündig verlegte Platten erleichtern randscharfes Manövrieren mit dem Rasenmäher, sodass mühsames Nachschneiden von Hand entfällt.

Sichtschutzwände und Pergola machen die Terrasse richtig intim.

Unmittelbar an der Hauswand,

zumal wenn sich zwecks Regenwasser-Dränage ein Streifen aus Kies daran entlangzieht, geht es für Pflanzen ziemlich spartanisch zu. Manche mögen das: Außer verschiedenen Gräsern gehören Königskerze, Thymian und Lavendel zur Kategorie der Hungerkünstler. Die beiden Letzteren scheinen allein schon bei Nennung ihrer Namen Duft zu verströmen. Auch Feinstrahlastern fühlen sich in voller Sonne wohl. Wer ein Ausrufezeichen vor die Hauswand setzen will, greift auf den nimmermüden Feuerdorn zurück, dessen Beeren im Herbst ein – je nach Sorte – gelbes, orangefarbenes oder rotes Farbenfeuerwerk versprühen.

Kübelpflanzen und Mini-Teiche machen die Dachterrasse zum »echten« Garten.

Es gibt Pflanzen mit unstillbarem Drang nach oben. Zur Bewältigung des Aufstiegs bilden sie Haftfüßchen aus, mit denen sie sich an die Wände heften. Der Klassiker unter diesen so genannten Selbstklimmern ist der Wilde Wein, dem ein Platz an der Westseite der Terrasse zugewiesen ist. Die östliche Schmalseite der Nische wurde für eine Clematis reserviert. Sie bewältigt die Klettertour nicht auf eigenen Beinen, sondern braucht Unterstützung in Form eines Spaliers oder senkrechter Drähte. Auch die lichtarme Ecke der Terrasse muss nicht verwaist bleiben: Mit solch einem schattigen Plätzchen kommt die Fuchsie gut zurecht. Als Hochstämmchen in einem attraktiven Übertopf würdig platziert, rückt sie ihre attraktiven Blüten ins Blickfeld und begeistert je nach Sorte mit kräftigen Rot- oder Violett-Tönen, teilweise mit Weiß kombiniert.

Eine Hecke ist wohl das harmonischste Mittel, um sich vom Nachbarn abzugrenzen und dem Garten zugleich eine grüne Kulisse zu geben. Unsere Wahl fiel auf eine Hainbuchenhecke. Wenn der Nachbar nebenan einverstanden ist, kann man sich die Hecke der Länge nach teilen, sodass sich ihre Tiefe auf beidseitig nur je etwa 20 cm verringert.

Statt einer Hecke kommt in Terrassennähe auch ein Rankgerüst von etwa 1,80 m Höhe in Frage, das man mit Efeu bewachsen lässt, der daran nach und nach einen grünen Pelz bildet.

Der Terrassenboden setzt sich aus quadratischen Betonplatten zusammen, weil diese weder besonders kostspielig noch schwierig zu verlegen sind. Sie messen 35 x 35 cm oder 40 x 40 cm. In strengem Raster flächendeckend verlegt, wirkt das Ganze aber eher fantasielos (Stichwort: »Plattensee«). Abhilfe kann ein abwechslungsreiches Muster schaffen. Dazu trennt man unterschiedlich breite Reihen der Platten durch eine oder zwei schmälere Reihen aus Kleinstein, was einen für das Auge angenehmen Rhythmus erzeugt.

Terrasse mit Beet am Reihenhaus

Die Pergola ist dazu da, die Terrasse vor allzu starker Sonneneinstrahlung zu schützen. Sollte dies nicht ausreichen, sorgt ein unter die Pergola gespanntes Segeltuch für Milderung. Wer will, kann auch eine Markise oder ein Glasdach einbauen lassen. Die Rasenfläche grenzt niveaugleich an die Terrasse beziehungsweise an das vorgelagerte Beet. Solch ein fließender Übergang unterstützt die Raumwirkung: Durch den auffälligen Vordergrund und den anschließenden Ausblick gewinnt der Garten insgesamt an Tiefe. Links an die Terrasse schließt das kleine Beet mit pflegeleichten Pflanzen an. Es ist durch Feinhalm-Chinaschilf, die Beetrosen und die zu ihnen passenden Begleiter – Salbei und Kugeldistel – geprägt. Die trockenheitsverträglichen Arten auf dem Pflanzbeet rechts (vor der Südmauer) umspielen die kahle Mauer und duften auch bei kargem Boden und in praller Sonne.

1. **Lampenputzergras *(Pennisetum alopecuroides)***
2. **Beetrose ‘Mirato’**
3. **Buchsbaum *(Buxus sempervirens)***
4. **Gold-Fetthenne *(Sedum floriferum* ‘Weihenstephaner Gold’)**
5. **Gletscherschwingel *(Festuca glacialis)***
6. **Beetrose ‘Schneeflocke’**
7. **Salbei *(Salvia nemorosa* ‘Blauhügel’)**
8. **Kugeldistel *(Echinops ritro)***
9. **Feinhalm-Chinaschilf *(Miscanthus sinensis* ‘Gracillimus’)**
10. **Zweizahn *(Bidens ferulifolia*, im Topf)**
11. **Schmuckkörbchen *(Cosmos bipinnatus*, im Topf)**
12. **Wilder Wein *(Parthenocissus tricuspidata)***
13. **Clematis *(Clematis*-Hybride ‘Ville de Lyon’)**
14. **Fuchsie *(Fuchsia*-Hybride)**
15. **Feinstrahlaster *(Erigeron*-Hybride ‘Rosa Triumph’)**
16. **Feuerdorn *(Pyracantha coccinea)***
17. **Thymian *(Thymus serpyllum* ‘Coccineus’)**
18. **Königskerze *(Verbascum olympicum)***
19. **Lavendel *(Lavandula officinalis)***

Sitzmöbel –

bitte nehmen Sie Platz. Was wäre eine Terrasse ohne Sitzgelegenheiten? Und umgekehrt: Wo haben Sitzmöbel einen sinnvolleren Platz als auf der Terrasse? Erst wenn beide gut aufeinander abgestimmt sind, fügen sie sich zu einem harmonischen Ganzen zusammen.

Auswahl gibt's genug. Worauf es ankommt, sind der individuelle Geschmack, der Geldbeutel und die Ansprüche. Hier die häufigsten Varianten:

1. **Klappmöbel**
   aus Metall und Holz schaffen Atmosphäre wie im Gartenlokal.

2. **Teakmöbel**
   halten fast ewig und sehen richtig edel aus.

3. **Korbmöbel**
   sind leichtgewichtig, aber nässeempfindlich.

TIPP

Möbel aus Teakholz verlieren mit der Zeit ihren goldbraunen Ton und gehen in edles Silbergrau über. Was der wahre Teak-Fan liebt, gefällt jedoch nicht jedem. Wer lieber die Honigfarbe erhalten möchte, der kann durch regelmäßiges Behandeln – etwa einmal jährlich – mit Teak-Öl dem Vergrauen vorbeugen.

Je nach dem Material und seiner Verarbeitung können einige Möbel das ganze Jahr über im Freien stehen bleiben, während andere kaum Regen vertragen oder zumindest den Winter über ins Haus geholt werden müssen.

- **Korbstühle**, so sie denn wirklich aus Korbgeflecht bestehen, nehmen es zwar mit dem Regen nicht so genau, werden aber unansehnlich und sollten deshalb besser unter Dach stehen und im Winter nicht draußen bleiben.
- **Loomgeflecht** ist seinem Wesen nach stramm gewickeltes und lackiertes Papier, daher angenehm leicht, aber nicht allwettertauglich.
- **Teakholz** wird traditionell im Bootsbau verwendet und gibt allein damit seine harte Natur zu erkennen. Ihr hohes Gewicht macht Teakmöbel standorttreu.
- **Klappmöbel** aus Metall und Holz sind das klassische Mobiliar, wie man es in jedem besseren Gartencafé vor Augen hat.

Große Terrasse mit Kübelpflanzen

1. **Felsenbirne** ***(Amelanchier laevis)***
2. **Strauchrose 'Louise Odier'**
3. **Katzenminze** ***(Nepeta x faassenii)***
4. **Wandelröschen** ***(Lantana camara)***
5. **Strauchrose 'Schneewittchen'**
6. **Clematis** ***(Clematis-*****Hybride 'Lady Northcliffe')**
7. **Rosmarin** ***(Rosmarinus officinalis)***
8. **Strauchmargerite** ***(Argyranthemum*** **[=** ***Chrysanthemum*****]** ***frutescens)***
9. **Chinaschilf** ***(Miscanthus sinensis*** **'Silberfeder')**
10. **Strauchrose 'Westerland'**

Auf dieser großzügigen Terrasse eines frei stehenden Hauses bilden verschiedene Kübelpflanzen den Blickfang. Für die sonnige Situation wurden hier ein Rosenstämmchen und dazu Rosmarin, ein Wandelröschen und eine Strauchmargerite gewählt. Die hübsche Clematis zieht zur Blütezeit alle Blicke auf sich; zu ihr würde noch gut eine gelbe Kletterrose im Kübel passen, etwa die Sorte 'Golden Showers'.

Der Belag aus unregelmäßigen Natursteinplatten, dazwischen Fugen mit Kleinsteinpflaster, ist absolut dauerhaft und wirkt sehr lebendig. Eingerahmt wird die Terrasse von Chinaschilf und orangegelben Strauchrosen (rechts) sowie einer rosa Strauchrose und einer Felsenbirne (links), die im April mit leuchtend weißen Blütentrauben und im Herbst mit kupferrotem Laub begeistert. Links vom Tisch ist noch genug Platz für einige Kräuter in Töpfen, die für frische Würze und Duftaroma sorgen.

Lazy-Kübelpflanzen

Name	Blütezeit (Monate)	Höhe (cm)	Bemerkungen	
Strauchmargarite *(Argyranthemum* [= *Chrysanthemum*] *frutescens)*	6–10	100–150	Sollten Verblühtes und vertrocknete Blätter störend auffallen, sind sie einfach »herauszuknipsen«. Als Standort eignet sich am besten ein heller, sonniger Platz.	
Kassie *(Cassia corymbosa)*	7–10	100–250	Die auch als Gewürzrinde oder Kerzenstrauch bekannte Pflanze mag es warm und sonnig. Ausreichend gedüngt erfreut sie mit üppiger Fülle aus gelben Blüten.	
Fuchsie *(Fuchsia*-Hybride)	6–10	50–150	Fuchsien stellen an die Lichtverhältnisse keine besonderen Ansprüche – sie kommen in der Sonne ebenso zurecht wie im Schatten – und blühen weiß, rosa, rot bis violett.	
Wandelröschen *(Lantana camara)*	6–9	60–120	Ein heller, luftiger Platz ist ihm am liebsten. Die Triebe schmückt es mit gelben, roten, rosa oder weißen Blüten, die die Farbe beim Aufblühen wandeln. Besonders schön wirken Stämmchen.	
Beetrose 'Leonardo da Vinci'	6–10	40–60	Die dunkelrosa, stark gefüllten Blüten erinnern an klassische Rosen. Die reich blühende Sorte ist regenfest und blüht bis zum Herbst, sogar bei etwas Frost.	
Strauchrose 'Schneewittchen'	6–10	100–150	Wie der Sortenname verheißt, sind die gefüllten Blüten weiß, zeigen sich schon früh und dann immer wieder im Jahr. Ein sehr robuster und frostharter Strauch.	
Rosmarin *(Rosmarinus officinalis)*	4–7	50–150	Mit seinem aromatischen Duft lässt Rosmarin an mediterrane Länder denken. Er liebt es sehr sonnig und bereichert die Küche mit seiner Würzkraft.	
Heiligenkraut *(Santolina chamaecyparissus)*	7–8	20–40	Das fein gefiederte Laub des duftenden kleinen Strauches ist dezent silbergrau und passt gut zu Rosen und Stauden in kräftigen Farben.	

In den Kübel kommt nur, was keinen Komfort verlangt. Die Auswahl der Kübelpflanzen beschränkt sich auf solche Arten, die nicht ins Winterquartier, sondern lediglich mit einer Laubschüttung »eingemummt« werden müssen, wobei diese mit Fichtenzweigen (Windschutz) bedeckt sein sollte.

Zwei Ausnahmen gibt es: Das Wandelröschen muss während der Kälteperiode kühl und frostfrei einquartiert werden – der Raum kann ruhig dunkel sein. Die Strauchmargerite will es möglichst hell und kühl (5–10 °C) haben. Beide Pensionsgäste werden im Winter nur sparsam gegossen, jedoch darf der Ballen nicht austrocknen.

Wem das alles zu mühsam ist, der spart sich das Einwintern und kauft im Frühjahr preisgünstig im Garten-Center ein paar neue Exemplare dieser Pflanzen.

Zusätzlich können auf der linken Seite der Terrasse (in der Grafik nicht mehr sichtbar) weitere Töpfe in unterschiedlichen Größen aufgestellt werden. Als Pflanzen eignen sich etwa Lavendel und Katzenminze, die für blaue Farbtupfer sorgen, sowie das Heiligenkraut in dezentem Silbergrau, das die Wirkung der anderen Farben unterstreicht. Auch die romantische Beetrose 'Leonardo da Vinci' gedeiht gut in einem Gefäß, sie bezaubert mit gefüllten Blüten und angenehmem Duft.

Nach dem Ei
pflanzen kräftig und durc
dringend wässer

Kübelpflanzen

Echt lazy sind nur solche Arten,

die nicht mit Ach und Krach in ein Winterquartier geschleppt, sondern lediglich auf der Terrasse etwas eingemummt werden müssen, um der Kälte zu trotzen. Im nächsten Jahr erfreuen sie wieder mit reicher Blütenfülle.

Geeignet sind zahlreiche verschiedene

Pflanzgefäße aus Ton, Steingut, Terrakotta, Holz oder Kunststoff – abhängig allein vom persönlichen Geschmack (und vom Geldbeutel). Wenn's ans Umtopfen geht, hilft ein kleiner Kunstgriff: Bei Töpfen aus Ton oder Holz empfiehlt es sich, die Erde vorher anzufeuchten, damit sich der Wurzelballen leicht löst. Bei Steingut oder Kunststoff gilt das Gegenteil, hier flutscht's besser, wenn die Erde trocken ist.

1. **Für Wasserabzug** sorgen: Eine dünne Schicht aus Tonscherben, Steinchen oder Blähtonkugeln (Foto) auf den Gefäßboden streuen.

2. **Blumenerde** ins Gefäß einfüllen.

3. **Pflanze einsetzen** und Erde nachfüllen.

4. **Pflanzerde** bis zum oberen Rand auffüllen, dann andrücken.

Wer keine Lust zum Gießen hat,

greift auf die Dienste eines modernen Bewässerungssystems zurück: Feuchtefühler ermitteln den Wasserbedarf und regeln die Zufuhr. Auch die Düngung geht ganz lazy: Im Frühjahr einen Langzeitdünger (Mengenangabe auf der Packung) aufbringen und nur leicht einarbeiten. Dann ist die Pflanze aufs Beste mit Nährstoffen versorgt, bis dass sie sich im Herbst ohnehin zur winterlichen Ruhe begibt und nicht mehr gedüngt zu werden wünscht.

TIPP

Ein dichtes, wirres Geflecht

weißer Wurzeln zeigt an: Höchste Zeit zum Umtopfen! Der beste Termin für den fälligen Umzug in ein größeres Gefäß ist das Frühjahr zu Beginn des Wachstums. Mit Pflanzerde auffüllen und gut angießen. Wärme und Feuchtigkeit fördern den Neustart.

»Umtopfen!«
Die Wurzeln schreien förmlich danach.

Einen besseren Platz als direkt am Wasser kann es für eine erholsame Sitzgelegenheit kaum geben, denn Wasser fasziniert und zieht uns fast magisch an. Hier kann man in Ruhe lesen und seinen Gedanken nachhängen, aber auch Feste in anregender Gesellschaft geben. Die im Foto gezeigte Situation stellt dafür fast einen Idealfall dar: Die Lärchenholz-Planken vermitteln Reise-Feeling wie an Deck eines Kreuzfahrtschiffes – und das daheim vor der eigenen grünen Gartenkulisse. Möbel aus Teakholz passen perfekt dazu. Nicht umsonst werden sie auch im Schiffsbau verwendet und stecken selbst raues Winterwetter weg.

Im Gegensatz zu unserem Beispiel wirken manche Sitzplätze nicht besonders einladend, weil die zur Verfügung stehende Fläche und das Mobiliar nicht zweckmäßig aufeinander abgestimmt sind. Dass sich ein paar wenige Stühle auf einer großen Fläche scheinbar verlieren, wird zwar eher selten vorkommen, wirkt aber ebenso unvorteilhaft wie der häufigere Fall, dass es eng und »verklemmt« zugeht. Spätestens wenn die sorgsam geplante Feier durch wiederholtes Stühlerücken ungemütlich wird, sollte man den Zollstock zu Hand nehmen und sich Gedanken über angemessenere Größenverhältnisse und eine sinnvollere Platzverteilung machen.

Geradezu ideal: Die Terrasse liegt wie ein Steg direkt am Wasser.

Rundum bleibt genug Raum frei, um unbeengt hin- und hergehen sowie Stühle am Tisch vor- und zurückschieben zu können, sofern im Großen und Ganzen folgende Richtwerte eingehalten werden:

- Sitzplätze mit nur einem runden (Kaffeehaus-)Tisch und einer Sitzgelegenheit sollten einen Durchmesser von gut zwei Metern haben.
- Steht zentral ein runder Tisch für bis zu sechs Menschen, empfiehlt sich ein Sitzplatz mit drei bis vier Meter Breite und Tiefe.
- Gleiches gilt für rechteckige Tische mit je zwei oder drei Sitzgelegenheiten oder einer entsprechenden Bank an den Längsseiten.
- Soll der Sitzplatz außer einem Tisch mit den darum gruppierten Stühlen zusätzlich noch Pflanzkübel oder eine eigene kleine Bank beherbergen, dann misst er an der Schmalseite möglichst um vier, an der Längsseite mindestens fünf Meter.
- Sind mehr Möbel oder Accessoires im Spiel, rechnet man diese Dimensionen sinngemäß einfach hoch.

Sitzplätze

Was wäre der Garten ohne Oasen der Ruhe?

Ein Hauch Fernost: An Deck überm Kieselstein-Meer träumt es sich bis hinter den Horizont.

Keine Frage ist, dass erst ein Sitzplatz den Garten zu einem Ort der Muße und Entspannung macht. Doch an welcher Stelle erfüllt er seinen Zweck am besten?

Eigentlich gibt's nur zwei Möglichkeiten: Entweder liegt der Sitzplatz unmittelbar am Haus oder aber fern davon in einer Ecke oder am Rand des Gartens – am besten so, dass sich von dort aus ein attraktiver Blick auf die Gartenszenerie oder das Haus bietet. In beiden Fällen ist zu überlegen, ob der Sitzplatz ortsfest sein und dem Mobiliar einen optimalen Auftritt verschaffen soll, ohne dass sich die Stuhlbeine in den Boden bohren. Der erforderliche Aufwand an Kosten und Detailarbeit ist dann dem einer Terrassen-Anlage vergleichbar. Soll ein Sitzplatz regelmäßig benutzt werden, muss er befestigt sein, wobei ihn ein kleinteiliger Bodenbelag (zum Beispiel Klinker) größer wirken lässt als einer aus Platten im Maxiformat. Witterungsbeständige Möbel können das ganze Jahr über draußen bleiben.

Auch auf dem Rasen lässt sich im Bedarfsfall ein Sitzplatz spontan oder dauerhaft einrichten. Das Foto auf der rechten Seite zeigt ein Beispiel dafür, wie sich mit einem Rosenbogen und einigen Kletterrosen eine lauschige Laube schaffen lässt. Sobald die Sonne blinzelt, ist hier flugs ein Tischchen aufgeklappt – dann fehlen nur noch Kissen, Geschirr und Besteck, und dem beschaulichen Teestündchen im Freien steht nichts mehr im Wege. Die Rosen betören alle Anwesenden mit ihrer Blütenpracht und der Süße ihres Duftes.

Wer das Risiko scheut, ein Tablett voller Tassen, Teller, Kannen und Karaffen durch den Garten zu balancieren, legt den Sitzplatz in Hausnähe an – am besten an einer Stelle, wo er immer gerade dann von der Sonne profitiert, wenn es auf der Terrasse eher schattig zugeht, also an der Ost- oder Westseite.

Eine romantische Rosenlaube: Duft, Blütenpracht und Atmosphäre in ihrer schönsten Form.

In den Himmel

kommt man ja nicht so leicht. Aber man kann wenigstens versuchen, ihm schon mal ein Stück näher zu rücken. Was man dazu braucht, ist ein kleines Paradies – Garten genannt. Außerdem gibt es ein paar himmlische Tricks, um sich über das allzu Irdische zu erheben.

Es gibt ein Wort für Faulheit, und das lautet: Hängematte. Sie darf in unserer Würdigung jener Ruhestellungen, die ein zur Untätigkeit neigender Gärtner gern einnimmt, keinesfalls fehlen. Natürlich kann man eine Hängematte auch zur Lektüre eines Romans benutzen. Diese Aktivität wird aber von einigen Zeitgenossen bereits als Arbeit empfunden und lässt sich deshalb an dieser Stelle nur bedingt empfehlen. Süßer Schlummer, vom sanften Schaukeln der Hängematte begünstigt, passt besser zu Auftrag und Themenstellung dieses Buches.

Was man zur Fixierung einer Hängematte braucht, ist ein starker Baum mit garantiert bruchsicheren Ästen. Wer – wie im Foto oben rechts gezeigt – eigens zu diesem Zweck eine Vorrichtung in Form eines solide fixierten Balkens installieren kann, schaukelt auf der sicheren Seite. Die Hängematte ist ein Thema mit Variationen: Es gibt (siehe Foto) Modelle aus Jutegeflecht, deren beide Enden an einem Stiel befestigt sind, der seinerseits nur an einem einzigen Fixpunkt aufgehängt wird. Eine komfortable Weiterentwicklung dieser Idee ist der seit einiger Zeit auch in Deutschland erhältliche »Sky Chair«. Bei der Frage nach dem Wohin spielt nicht nur die verlässliche Aufhängung eine Rolle, sondern auch der attraktive Ausblick ins Gezweig oder in das Panorama des Gartens.

Nehmen Sie Platz! Hier bietet sich der schönste Ausblick.

Keine speziellen Bedingungen stellt eine Liege oder ein Deckchair. Die finden fast überall ein passendes Plätzchen, sofern es nur gerade ein wenig größer ist als das Möbelstück selbst. Viele Modelle sind zudem mit Rollen versehen oder lassen sich nachträglich damit ausstatten. Also: freie Fahrt in Richtung Sonne! Sollte der Deckchair aus Teakholz gemacht sein, darf er unter freiem Himmel stehen bleiben, selbst wenn Petrus seine üble

Abgehoben un echt lazy: Schmöker im Hängesitz

Laune wieder einmal genau über diesem Garten austobt. Sein Name lässt erkennen, dass er einst auf den schwankenden Planken der Ozeanriesen zu Hause war, dort tapfer Wind und Wellen trotzte.

Für den Standort einer Liege oder eines Deckchairs gilt, wie schon erwähnt: Der Blick muss stimmen, soll es sich doch um den Logenplatz des Gartens handeln. Das Glück wird vollkommen, wenn ein paar überhängende Zweige, ein Sonnenschirm oder sogar eine Pergola ein wenig Schatten spenden, so dass wir uns auch bei praller Sonne wohl fühlen.

Nicht nur im Badezimmer

gibt es Handtücher. Auch viele Grundstücke sind so geschnitten, dass ihre Größe an dieses Stück Textil erinnert. Das muss den Besitzer nicht schrecken. Fast immer gelingt es, selbst kleinste Gärten mit einem Sitzplatz zu veredeln.

Für das Holzdeck bieten sich 3–4 cm starke und 12–14 cm breite Bretter an, die entweder aus kesseldruckimprägniertem Kiefernholz oder aus unbehandeltem Lärchenholz bestehen, wobei Letzteres mit seinem hohen Gehalt an Gerbstoffen über einen von Natur aus eingebauten Fäulnisschutz verfügt.

Die Pergola überspannt das Holzdeck kaum bis zu dessen halber Breite. Das schafft die Möglichkeit, je nach Sonnenstand in ihrem Schatten auf der Bank oder vorn unter freiem Himmel auf einem der Gartenstühle zu verweilen. Als Wände des Sitzplatzes dienen Rankgitter. Die sind in Fertigteilen im Baumarkt erhältlich, und zwar 180 cm hoch und in Längen von 90 und 180 cm. Zur Befestigung der Elemente dienen Vierkantpfosten mit einem Querschnitt von 9 x 9 cm.

Damit die Kletterpflanzen

an dem Gitter emporstreben können, bleibt ein schmales L-förmiges Pflanzbeet frei, das aber nicht unbedingt – wie im Entwurf vorgesehen – unterhalb der Pergola liegen muss, sondern auch außerhalb daran entlanggeführt werden kann.

An der Kraxelpartie nehmen zwei Kletterrosen teil: die rosafarbene 'Rosarium Uetersen' und die zartrosa blühende 'New Dawn'. Zwischen ihnen tritt die Clematis 'Prince Charles' an. Sie blüht hellblau und etwa gleichzeitig mit den Rosen. Weil sie flach wurzelt, verlangt sie einen beschatteten Fuß.

Vorn an der Ecke bewirkt Hopfen mit seinen schuppigen Blütenähren einen sehenswerten Sichtschutz, begleitet von drei Edelrosen, die ihrer Sortenbezeichnung 'Duftrausch' Ehre machen, und von Katzenminze, einem idealen Rosenpartner in Blau. Dank dieser dekorativen Einfassung geht der Sitzplatz harmonisch in den Garten über.

Die verbleibende Breite des Gartens wird von der im Frühjahr mit halbgefüllten rosa Blüten überschütteten Zierkirsche beherrscht, die mit filigranem Wuchs und intensiver Herbstfärbung überzeugt. Ihr bogiger Kronenschirm spendet angenehm lichten Schatten, in dem sich Halbschatten-Stauden wohl fühlen (Beispiele siehe Seite 62ff.). Die begrüßen es sogar, im Herbst vom Laub des Baumes bedeckt zu werden.

In die Fläche eingestreut werden Gruppen aus Narzissen und zum allmählichen Verwildern bestimmte Kleinzwiebelblumen, etwa Schneeglöckchen, Winterlinge und Wildkrokusse. Sie melden sich Jahr für Jahr treu zurück, wenn auch gelegentlich an anderen Stellen als in der vorangegangenen Saison – und ersparen damit dem Lazy-Gärtner das Verpflanzen und Vermehren.

Sonnenschutz am Tag, milde Wärme am Abend: Hier fühlen sich Familie und Freunde wohl.

Sitzplatz mit Rankgitter

Dies ist ein typischer Reihenhausgarten. Der Sitzplatz nimmt gut die Hälfte seiner Breite ein. Er bildet den rückwärtigen Abschluss und den Gegenpol zum Haus. Wer hier Platz nimmt, hat den Garten in ganzer Länge vor Augen, sodass er trotz seiner knappen Maße Tiefe suggeriert.

Statt des in der Zeichnung erkennbaren Holzdecks (auf Lagerhölzern ruhende Planken aus witterungsbeständigem Material) kommt auch Holzpflaster in Frage, für das als Fundament eine plane Kiesschüttung genügt. Als Umfassung an allen drei Seiten dienen Rankgitter, an denen verschiedene Kletterpflanzen ihren Weg nach oben finden können. An den beiden der Grundstücksgrenze zugewandten Seiten schirmen die Gitter den Platz gänzlich ab, zum Garten hin ist er jedoch bewusst großzügig und offen gehalten. Für betörenden Duft sorgt vorne die Rose 'Duftrausch'.

1. **Edelrose 'Duftrausch'**
2. **Katzenminze *(Nepeta x faassenii)***
3. **Hopfen *(Humulus lupulus)***
4. **Kletterrose 'New Dawn'**
5. **Clematis *(Clematis viticella* 'Prince Charles')**
6. **Kletterrose 'Rosarium Uetersen'**
7. **Geißblatt *(Lonicera x tellmanniana)***
8. **Zierkirsche *(Prunus sargentii* 'Accolade')**
9. **Unterpflanzung mit Stauden für den Halbschatten**

Lazy-Kletterpflanzen

Name	Blütezeit (Monate)	Höhe (m)	Bemerkungen	
Clematis, Waldrebe (*Clematis*-Arten und -Hybriden)	6–9	2–5	Mit ihren Blattranken hält sich die Waldrebe bei ihrer Klettertour fest. Die sternförmigen Blütenblätter können es gut und gern mit den schönsten Sommerblumen aufnehmen.	
Efeu (*Hedera helix*)	8–10	2–15	Efeu braucht keine Kletterhilfe, weil er sich mit seinen Haftwurzeln selbst zu helfen weiß. Die grün-gelben, kugelförmigen Blütendolden zeigen sich erst im Alter (nach etwa zehn Jahren).	
Hopfen (*Humulus lupulus*)	7–8	2–8	Die zapfenförmigen, scheinbar aus zartem Papier geformten Früchte sind für jedermann sehenswert, nicht nur für Leute, die es nach dem Veredelungsprodukt (Bier) dürstet.	
Prunkwinde (*Ipomoea purpurea*)	7–10	2–3	Wo sie eine Kletterhilfe (Spalier oder Spanndraht) vorfindet, reckt sich die im tropischen Amerika beheimatete Schlingpflanze in Einzelfällen auch bis über drei Meter hoch.	
Wilder Wein (*Parthenocissus tricuspidata* (Bild) bzw. *P. quinquefolia*)	7–8	8–15	Manchmal kaum zu glauben, wie zielstrebig er mit seinen Haftscheiben bzw. gewundenen Ranken aufwärts strebt. Kleine schwarze Beeren zeigen gewisse Ähnlichkeit mit essbarem Wein.	
Feuerbohne (*Phaseolus coccineus*)	6–9	3–4	Der Name deutet schon darauf hin, dass die Blüten mit ihrem flammenden Rot die Blicke auf sich ziehen, zumal sie immer gleich zu mehreren an langen Stielen sitzen.	
Kletterrose 'Maria Lisa'	6–7	2–3	Sie blüht zwar nur einmal, aber dafür sehr reich, und zwar in Büscheln mit zahllosen Blüten (karminrot, im Zentrum weiß). Ebenfalls erfreulich: 'Maria Lisa' hat so gut wie keine Stacheln.	
Kapuzinerkresse (*Tropaeolum majus*)	6–10	0,1–2	Die gelben, orangefarbenen, ziegel- bis scharlachroten oder weißen (essbaren!) Blüten wirken sowohl im Garten als auch auf dem Teller dekorativ.	

Kletterpflanzen kennen so ihre Tricks, um den Weg nach oben zu finden. Man unterscheidet je nach Klettertechnik mehrere Gruppen:

Die **Schlinger** umwinden – weshalb man sie auch Winder nennt – die Kletterhilfe (Schnüre, Drähte, Latten) mit ihrem ganzen Spross. Die Triebspitze zielt zunächst senkrecht in die Höhe und macht sich dann mit kreisenden Bewegungen auf die Suche nach festem Halt. Ist ein solcher gefunden, wird die Kletterhilfe spiralförmig umschlungen, und der Trieb wächst weiter.

Ranker klettern entweder mit Hilfe extralanger Blattstiele oder mit Ranken, die aus Blättern und Sprossen umgebildet wurden. Hat die Ranke einen Haftgrund gefunden, hält sie sich dort fest und hört auf zu wachsen, während die übrige Pflanze ihren Aufstieg fortsetzt. Die klassische Rankhilfe ist das Spalier.

Manche Pflanzen halten sich mit Dornen, Stacheln oder Widerhaken fest, zum Beispiel Kletterrosen. Diese Gruppe mit dem uncharmanten Namen **Spreizklimmer** kraxelt eher linkisch. Auch Lazy-Gärtner sollten ihnen helfen, indem sie die Triebe an einem Rankgitter anbinden.

Ganz lazy geht's mit **Selbstkletterern** wie Efeu und Wildem Wein. Sie halten sich ohne unser Zutun an der Unterlage fest.

Bevor sie ihre Karriere starten kann,

wird die Kletterpflanze erst einmal aus dem Topf befreit. Das Pflanzloch muss so bemessen sein, dass es dem Wurzelballen in der Höhe möglichst genau entspricht. Ist es zu flach, vertrocknen die dann oberflächlich liegenden Wurzeln, ist es zu tief, verschenkt die Pflanze unnötig Kraft. Ausnahme: Waldreben (Clematis) wollen gern ein wenig tiefer stehen, dann ist die Gefahr des Vertrocknens gebannt.

1. **Raus aus dem Topf**
   Die Containerpflanze löst sich, wenn man mit der Hand auf den Topfboden klopft.

2. **Ab in die Erde**
   Die Pflanze wird mit einem Abstand von etwa 20 cm an der Kletterhilfe leicht schräg platziert.

3. **Zeigen, wo's langgeht**
   Der Stab (oder Draht) weist den Weg zur Kletterhilfe.

Sollten sich im Frühjahr

dürre Triebe zeigen, dann müssen sie dem Neuaustrieb Platz machen. Der Griff zur Schere hilft auch dann, wenn die Kletterpflanzen zu dicht werden oder vehementer in die Höhe streben als gewünscht. Efeu oder Wilder Wein zum Beispiel können nach einer gewissen Anlaufzeit so mächtig werden, dass sie Holzverkleidungen beschädigen oder Regenrinnen verstopfen.

Kletterpflanzen, die sich nicht selbstständig mit Saugnäpfen oder mit Blattstielen und Ranken – wie die Waldrebe – an einer Kletterhilfe aus Draht oder schmalen Latten festhalten, werden mit Bast oder Klipps (wie man sie zum Verschließen von Gefrierbeuteln kennt) am Rankgerüst befestigt.

TIPP

Durst als erstes Lebenszeichen:

Frisch eingepflanzt, verlangt das Pflänzchen Wasser, ganz viel Wasser! Nach dem Anwachsen versorgt sich die Pflanze weitgehend selbst, denn sie greift mit ihren Wurzeln tief ins Erdreich. Wo allerdings kein Regen hingelangt, hilft ab und zu der Griff zur Gießkanne.

Wo die Sonne persönlich guten Morgen sagt

Der Senkgarten ist mehr als nur ein Gag, denn ein kleiner, gegenüber dem sonstigen Gartenniveau eingetiefter Bereich hat zwei Vorteile: Er schafft erstens eine ganz eigene, kuschelige Atmosphäre und zweitens ein Kleinklima, das in aller Regel ein paar Celsiusgrade mehr zu bieten hat als die offene Umgebung. Das Mäuerchen und die Hauswand fangen jeden Sonnenstrahl ein und wirken als Wärmespeicher. Der Bodenbelag – Klinker- oder Betonpflaster – und die auf die Mauerkrone gepflanzte Buchshecke tun noch ihr Übriges dazu.

Zwischen Sitzplatz und dem restlichen Garten sind drei flache Stufen zu überwinden, deren Vorderkanten aus Betonstellstufen oder Kanthölzern bestehen. Linker Hand liegt ein Dreigestirn aus Rittersporn, der Strauchrose 'Angela' und Steppenkerze. Unmittelbar am Haus – über einem Efeu-Teppich – blüht ein Sommerflieder. Schon bald wird sich zeigen, weshalb er auch Schmetterlingsstrauch heißt: Seine Blüten ziehen die flatterhaften Insekten magisch an.

Kletterpflanzen wie diese Pfeifenwinde schaffen eine heimelige Atmosphäre.

Rechts stehen zwei Stachelbeer- und ein Johannisbeer-Stämmchen, von dem man frische Früchte zum Frühstück naschen kann (siehe auch Seite 95).

Am Fuß der Beerensträucher breitet sich ein buntes Beet aus, wobei deren Wurzelscheiben – der Bereich rund um die Stämmchen – frei bleiben sollte. Im Vordergrund – bis etwa zur Beetmitte – haben Sommerblumen und Stauden Platz. Hier bieten sich Arten an, die sich immer wieder selbst aussäen: für das Frühjahr gelb blühender Lerchensporn, ebensolcher Scheinmohn und Akeleien, für sommerliche bunte Blüte Ringelblumen und Feldrittersporn. Nach rechts schließt in unserem Beispiel ein kleines Gemüsebeet an, das einen Brunch mit frisch geernteten Radieschen, mit Möhren und Salat bereichert.

Gemütlicher Sitzplatz im Senkgarten

1. Schmetterlingsstrauch *(Buddleja davidii-*Hybride)
2. Buchs als Hecke *(Buxus sempervirens)*
3. Kassie *(Cassia corymbosa)*
4. Strauchrose 'Angela'
5. Rittersporn *(Delphinium-*Hybride)
6. Steppenkerze *(Eremurus stenophyllus)*
7. Sommerblumenbeet
8. Johannisbeer-Stämmchen
9. Stachelbeer-Stämmchen
10. Ringelblume *(Calendula officinalis)* und andere Blumen als Unterpflanzung
11. Gemüsebeet

Er wird von der Morgensonne verwöhnt, dieser nach Osten orientierte Sitzplatz in unmittelbarer Nähe des Hauses (das im Rücken des Betrachters zu denken ist). Der Bau eines solchen Platzes erfordert einigen Aufwand, sodass man ihn am besten dem Profi überlässt. Lohn der Mühen ist ein gegenüber dem umgebenden Niveau um etwa 30–40 cm eingetiefter Senkgarten, dessen Umfassungsmauern die wärmende Kraft der Sonnenstrahlen verstärken. Das ergibt ein angenehmes Kleinklima.

Die drei Beerensträucher in Griffweite werden sich schon bald großer Beliebtheit erfreuen: Ruck, zuck hängen immer weniger Früchte am Gezweig. Da es sich um Stachelbeer- und Johannisbeer-Stämmchen (und nicht um Bodensträucher) handelt, kann man darunter – auf Augenhöhe der hier Sitzenden – ein Staudenbeet mit immerfort wechselndem Blütenschmuck anlegen.

Lazy-Gehölze mit Schirmform und als Sichtschutz

Name	Blütezeit (Monate)	Höhe (m)	Bemerkungen	
Felsenbirne *(Amelanchier laevis)*	5	3–4	Es handelt sich um einen mehrstämmigen Strauch mit bläulichgrünen Blättern, die im Herbst gelborange bis scharlachrot werden. Weiteres Plus: die Anspruchslosigkeit.	
Apfel *(Malus sylvestris)*	5–6	5	Als Halb- oder Hochstamm ist ein Apfelbaum im Garten nicht nur schöner Blickfang zur Blüte, unter seiner beschützenden Krone nimmt man auch gerne Platz.	
Hängebirke *(Betula pendula* 'Youngii')	4–5	4–6	Dass es sich um die »Trauerform« der Sandbirke handelt, muss keine Assoziationen an Friedhöfe wecken, sieht doch die Hängebirke ohne Zweifel lebensbejahend aus.	
Zwetsche bzw. Pflaume *(Prunus domestica)*	4–5	5–6	Über die aromatischen Vorzüge des mattblauen Steinobstes braucht man nicht viele Worte zu machen: Die sind den Menschen bekannt. Leider auch den Wespen.	
Zierkirsche *(Prunus subhirtella* 'Pendula')	4–5	2,5–4	Spektakulärer Höhepunkt ist natürlich die Blütezeit. Aber auch im Winter, wenn sich nur ihre vielleicht von Raureif überzuckerte Silhouette zeigt, sind Zierkirschen attraktiv.	
Weidenblättrige Birne *(Pyrus salicifolia)*	4–5	4–6	Den Namen verdankt das Gehölz dem silbrigen Pelz, mit dem das Laub im Frühjahr bedeckt ist. Die Form der Krone erinnert an eine Kuppel.	
Hänge-Kätzchen-Weide *(Salix caprea* 'Pendula')	3–4	1,5–2,5	Der Wasserschwall, den man sich mit etwas Fantasie bei den überhängenden Zweigen vorstellen kann, kommt umso mehr zur Geltung, wenn das Gehölz am Ufer steht.	
Hängeulme *(Ulmus glabra* 'Pendula')	3–4	2–4	Unter der breit ausladenden Krone aus überhängenden Zweigen lässt es sich wie unter einem Sonnenschirm sitzen. Ideal für einen Sitzplatz!	

Schützender Schirm: Die Hängebirke überdacht mit ihrer Krone den Sitzplatz.

Der schönste Schutzschirm ist noch immer

das weit ausladende Kronendach eines Baumes. Im Schatten eines behäbigen Solitärs ergibt sich gleich vom ersten Moment an das Gefühl wohliger Geborgenheit. Und selbst wenn mal ein paar Regentropfen vom Himmel fallen, perlen die am dichten Blattwerk einfach ab. Erst kräftiger Niederschlag vermag die Schichtung der abertausend grünen Schindeln zu durchdringen.

Wo ließe sich ein schönerer »Sitzplatz auf die Schnelle« denken? Eine Liege, ein Regiestuhl oder Deckchair, mühelos unter den Baum gerollt oder gestellt, avanciert bestimmt binnen kurzem zum lauschigen Lieblingsaufenthalt. Der starke Stamm scheint den Eindruck solider Verwurzelung auf seine Nachbarschaft auszustrahlen, und das Laub wirkt als Sichtschutz. So kann schon ein einzelnes Gehölz einen privaten Raum abgrenzen und zum guten Freund werden.

Hecken als Separee

Eine schönere Rückendeckung kann es kaum geben: Mit ihrer grünen Blätterwand, die unliebsame Einblicke, gelegentliche Schallspitzen aus Nachbars Garten, Straßenlärm und Zugluft abschirmt, wecken Hecken ein zwangloses, zugleich jedoch unwiderstehliches »Anlehnungsbedürfnis«.

Hecken bieten eine ideale Rückendeckung.

Wer sitzt schon gerne auf dem Präsentierteller? Welche Tische im Café oder Restaurant sind zuerst besetzt? Nicht jene im Zentrum des Raumes, sondern die da hinten an der Wand. Wo wartet der Verehrer auf seine Liebste? Nicht mitten auf dem Rathausplatz, sondern vor einem Schaufenster mit Blick über die Szenerie, zumindest aber an den Brunnen oder das Reiterstandbild gelehnt. Kurz: Der Mensch sucht Schutz und Stütze – auch im Garten.

Flott hin, flott weg: Kunststoffmöbel wandern mit.

Unmittelbar am Wasser gibt es fast nur Logenplätze.

TIPP

Damit die Möbel nicht im Boden versinken, muss nicht gleich der ganze Sitzplatz gepflastert werden. Für nur zeitweise auf den Rasen gestellte Stühle genügt es, je eine Holzscheibe (oder eine Holzfliese aus dem Baumarkt) unterzulegen.

Eine Hecke wirkt in zwei Richtungen: Als vielleicht nur empfundener, nicht einmal bewusst wahrgenommener Hintergrund gibt sie den auf einem Sitzplatz Versammelten eine Art Behausung, stellvertretend für die Zimmerwand in einem geschlossenen Raum. Zugleich bietet sich – mit der Hecke im Rücken – ein schöner Blick in den Garten. Alles spricht also dafür, in ihrer Nähe einen Sitzplatz vorzusehen. Der muss nicht »für die Ewigkeit« sein – auch ein paar spontan aufgestellte Stühle erfüllen den Zweck bereits ganz und gar.

Wo eine Hecke ist, bekommt das Wort vom »lauschigen Plätzchen« erst so richtig seinen Sinn. Gut, dass Hecken diskret sind und die in ihrem Schatten ausgetauschten Geheimnisse und Klatschgeschichten niemandem weitererzählen. Wieviel Platz zur Verfügung stehen sollte, damit die Möbel Stell- und Bewegungsraum haben, wird auf Seite 39 kurz erläutert.

Licht und Duft am Sitzplatz

Wo der Mensch sich niederlässt, da wollen seine Sinne berührt und auf Schönste stimuliert sein. Ein schöner Sitzplatz wird eben noch ein Stück attraktiver, wenn er den Augen und der Nase schmeichelt, und dies ganz besonders bei anbrechender Nacht.

Pagodenlampen leuchten am Weg.

Die Dämmerung hat ihren Reiz, aber nachtschwarze Finsternis wirkt doch ziemlich irritierend. Damit ein Sitzplatz nach Sonnenuntergang nicht in Dunkelheit gehüllt ist, woraufhin die hier Versammelten nur noch zu akustischer Positionsbestimmung in der Lage wären, tun ein paar künstliche Lichtquellen gute Dienste. Die heimeligste unter ihnen dürfte die gute alte Kerze sein, zumal als dekoratives Windlicht im schützenden Glaszylinder. Öllämpchen, ob rundlich, bauchig, in Gestalt eines Kegels oder röhrenförmig gestreckt, ob auf den Tisch gestellt oder in den Boden gesteckt, verbreiten ebenfalls die wohltuende Milde gebändigten Feuers, das menschliche Gesichter stets im besten Licht zeigt.

Die Auswahl an Lichtquellen, die sich elektrischen Stroms bedienen, ist kaum zu überblicken. Das Bild unten gibt ein leuchtendes Beispiel: Schlanke Fackeln, an markanten Punkten platziert, weisen den Weg – in diesem Fall zu einem improvisierten Sitzplatz in Form eines Liegestuhls. Die Fackeln sind dank des dezenten Designs fast nur in Aktion bemerkbar und scheinen sich bei Tage zu verleugnen. Ganz einfach sind die so genannten Pagodenlampen zur Wegbeleuchtung, die nach oben blendfrei abgeschirmt sind und bodennah ins Erdreich gesteckt werden. Dass es davon auch exklusivere Varianten gibt, die auch einfach nur als Objekt gefallen, zeigt das Beispiel im Bild oben.

Für lauschige Abende: Fackelleuchten sorgen für dezente Lichtstimmung.

Duftpflanzen sind ein Muss für Genießer mit erlebnisfreudiger Nase. Nicht nur im Beet, gerade auch für Töpfe und Kübel gibt es zahlreiche duftende Gewächse, die den Aufenthalt am Sitzplatz und auf der Terrasse zum sinnlichen Erlebnis machen.

Unter den Rosen tun sich hier viele Edelrosen hervor, zum Beispiel die auch in unserem Sitzplatz-Beispiel verwendete Sorte 'Duftrausch'. Neben Nachtviolen und Lilien, die ganz bezaubernd und oft beinahe schon aufdringlich duften, bieten sich dazu vor allem Kräuter an: Arten aus dem Mittelmeerraum wie Lavendel, Salbei, Oregano, Thymian, Majoran und Rosmarin sind allesamt besonders lazy, da sie Trockenheit gut vertragen und dann sogar besonders intensiv riechen.

Blumenbeete

Hier zeigt der Garten, dass er gute Laune hat

Storchschnabel und andere Stauden: Entscheidend für ihre Wirkung sind neben den Blüten vor allem die Blätter.

Herz und Seele eines Gartens sind die farbenfrohen Blumenbeete. In voller Pracht zeigt sich hier, was eine Augenweide ist. Wer bei der Auswahl der Pflanzen einige einfache Spielregeln beachtet, kann den Blütenzauber vom Frühjahr bis in den späten Herbst hinein genießen. Was wir einfach Blumen nennen, unterteilt sich bei näherer Betrachtung in drei Gruppen: Da sind die **Sommerblumen**, deren Lebenszyklus in aller Regel schon nach einer Saison zu Ende ist. Einige samen sich jedoch aus, um als neue Generation im Folgejahr erneut das Licht der Gartenwelt zu erblicken. Zweitens gibt es die **Stauden**, das sind Gewächse mit einer Doppelnatur: Die oberirdischen Pflanzenteile erleben meist nur eine einzige Vegetationszeit, die unterirdischen Teile überdauern und bringen im Folgejahr wiederum Stiele, Blätter und Blüten hervor. Als eigene Spielart der Stauden sind die **Zwiebel- und Knollenblumen** zu nennen, deren Lebenskraft in ebendiesen Zwiebeln oder Knollen steckt. Aus ihnen brechen sie Jahr für Jahr zu ihren oberirdischen Abenteuern auf und ziehen sich danach immer wieder in sie zurück. Und schließlich gibt es noch die **Gehölze**, darunter als besondere Persönlichkeit – und für viele der Inbegriff von Blumen – die **Rose.** Früher pflanzte man sie nur für sich, heute erkennt man die Vorteile ihrer langen Blütezeit und setzt sie auch in die Beete.

Viele Stauden blühen nur ein paar Wochen lang, Sommerblumen und Rosen umso länger. Die richtige Mischung macht's.

Goldmohn
Sonniges Gelb bis zum Herbst

Rittersporn
Einmaliges Blau in hohen Blütenkerzen

Strauchrose 'Louise Odier'
Ein Hauch Romantik mit Duft

Bauerngarten-Atmosphäre: Stockmalven, Margeriten und Ringelblumen bieten Blütenfülle ohne großen Aufwand.

Sonnige Beete

für kleine und für große Gärten

Bei relativ beengten Platzverhältnissen wird man das Beet geradlinig anlegen. Wo mehr Raum zur Verfügung steht, macht sich eine schwungvolle Kante besser.

1. **Chinaschilf *(Miscanthus sinensis* 'Silberfeder')**
2. **Kissenaster *(Aster*-Dumosus-Hybride 'Nesthäkchen')**
3. **Herbstaster *(Aster novi-belgii* 'Dauerblau')**
4. **Hohe Fetthenne *(Sedum telephium* 'Herbstfreude')**
5. **Schleierkraut *(Gypsophila repens)***
6. **Kissenaster *(Aster*-Dumosus-Hybride 'Lady in Blue')**
7. **Pfingstrose *(Paeonia*-Lactiflora-Hybride 'Sarah Bernhard', bereits fast eingezogen)**
8. **Schmuckkörbchen *(Cosmos bipinnatus)***
9. **Taglilie *(Hemerocallis*-Hybride)**
10. **Silberährengras *(Achnatherum calamagrostis)***
11. **Feinstrahlaster *(Erigeron*-Hybride 'Rosa Triumph')**
12. **Goldmohn *(Eschscholzia californica)***
13. **Feinstrahlaster *(Erigeron*-Hybride 'Strahlenmeer')**
14. **Sonnenauge *(Heliopsis helianthoides var. scabra* 'Spitzentänzerin')**
15. **Sonnenbraut *(Helenium*-Hybride 'Moerheim Beauty')**
16. **Katzenminze *(Nepeta x faassenii)***
17. **Rittersporn *(Delphinium*-Hybride 'Piccolo')**
18. **Strauchrose 'Mary Rose'**

Schmales Blumenbeet im Reihenhausgarten

Vor der Hecke, der grünen Rückwand des Beetes, nehmen als die drei optischen Stützen der Pflanzung ein Chinaschilf und ein Silberährengras sowie eine Strauchrose Aufstellung. Letztere – hier die Englische Rose 'Mary Rose' – verbreitet den romantischen Charme der alten Rosen, vereint mit der nimmermüden Blühwilligkeit moderner Züchtungen. Die Pfingstrose (die keine Rose, sondern eine Staude ist) hat die angenehme Angewohnheit, mit den Jahren immer schöner zu werden.

Kein Sommer ohne leuchtendes Gelb: Sonnenauge und Sonnenbraut haben stets ein Lächeln in der Blüte, sind zudem robust und als Schnittblumen geeignet. Dazu als markanter Farbkontrast das Blau des Rittersporns. Auch im Herbst gibt es keine Blühpause, dafür sorgen die Herbstastern und die Hohe Fetthenne.

1. Rittersporn (*Delphinium*-Hybride 'Lanzenträger')
2. Schmuckkörbchen (*Cosmos bipinnatus*)
3. Ringelblumen (*Calendula officinalis*)
4. Feinstrahlaster (*Erigeron*-Hybride 'Sommerneuschnee')
5. Goldmohn (*Eschscholzia californica*-Mischung)
6. Salbei (*Salvia nemorosa* 'Blauhügel')
7. Beetrose 'Schneeflocke'
8. Sonnenbraut (*Helenium*-Hybride 'Waltraud')
9. Rittersporn (*Delphinium*-Hybride 'Ouvertüre')
10. Phlox (*Phlox paniculata* 'Orange')
11. Sonnenauge (*Heliopsis helianthoides* var. *scabra* 'Karat')
12. Wollziest (*Stachys byzantina*)
13. Beetrose 'Manou Meilland'
14. Rittersporn (*Delphinium*-Hybride 'Zauberflöte')
15. Phlox (*Phlox paniculata* 'Spätlicht')
16. Phlox (*Phlox paniculata* 'Schneeferner')
17. Phlox (*Phlox paniculata* 'Sternhimmel')
18. Sommermargerite (*Leucanthemum* x *superbum* 'Gruppenstolz')

Geschwungenes Beet vor Strauchkulisse

Beide Vorschläge unterscheiden sich nur unwesentlich, aber im Gegensatz zu dem Beet auf der linken Seite steht hier etwa die doppelte Tiefe zur Verfügung. So ist Platz genug für eine geschwungene Form und eine Kulisse aus frei wachsenden Ziersträuchern. Zu deren Füßen lassen die klassischen Beetstauden – Sonnenauge, Sonnenbraut – bis in den Herbst hinein ihre Gelb- und Kupfertöne aufleuchten, auch hier im Kontrast mit blauem Rittersporn. Sobald der Höhepunkt seiner Blüte (Juni/Juli) vorbei ist, treten im Juli/August verschiedene Phlox-Sorten auf den Plan und bereichern die Farbskala um Weiß, Rosa- und Violett-Töne. Die Feinstrahlastern brauchen sich daneben ebenso wenig zu verstecken wie die weißen Sommermargeriten. In Bodennähe tummeln sich versamende Einjährige (Ringelblumen, Goldmohn), die alljährlich ohne Zutun wiederkommen, und Bodendecker wie der Wollziest.

Stauden sind die Augen im Gesicht des Gartens

Buntheit ist billig, Farbe hat Format. Man stelle sich eine größere Menschenmenge vor: Alle reden durcheinander, kaum eine Stimme hebt sich deutlich hervor, es ist laut, nur hier und da ein einzelnes Wort zu verstehen. Es gibt so ein Stimmengewirr auch fürs Auge, und viele Gärten machen solchen Krach: Große Pflanzen übertönen die kleinen, kräftige Blütenfarben rauschen lauter als zartes Pastell. Wehe, wenn das alles zum großen Palaver anschwillt.

Die Lösung: Farbregie und räumliche Staffelung. Relativ wenige aufeinander abgestimmte Farbtöne, getragen von den Blüten verschiedener Stauden, steigern sich gegenseitig in ihrer Wirkung. Viele Pflanzen einer einzigen Art, diese aber jeweils im Pulk und in der ganzen Variationsbreite ihrer Sorten, haben den gleichen vorteilhaften Effekt.

Höhere Stauden – zum Beispiel Rittersporn, Sonnenauge, Sonnenblume, Sonnenbraut und Herbstastern – bilden ein solides Gerüst für jede Pflanzung. Solche markanten Gestalten sollten die Chance haben, in unregelmäßigen Abständen mehrfach im selben Beet aufzutreten. Das bringt Ruhe hinein. Richtschnur: Nur wenige ganz hohe, dafür aber viele mittelhohe und viele, viele niedrige Stauden. So eine Staffelung wirkt kontrastreich und raumbildend. Sollte sich eines Tages herausstellen, dass einzelne Exemplare nicht am richtigen Platz stehen, lassen sie sich im Herbst umsiedeln, ohne Schaden zu nehmen.

Einzelne Stauden blühen meist nur zwei bis vier Wochen lang. Trotzdem gibt es keine nennenswerte Blühpause, wenn man die Blütezeit der im Garten versammelten Arten geschickt aufeinander folgen lässt (wie in unserem Beispiel), vor allem aber, wenn zusätzlich Sommerblumen und Rosen mit in die Pflanzung einbezogen werden.

Die Nimmermüden unter den Blütenträgern sind Katzenminze, Salbei, Schleierkraut und Mädchenauge, die monatelang kein Auge zutun. Weil sie nicht so spektakulär in Erscheinung treten wie die höheren Prachtstauden, stehen sie nie im Rampenlicht und werden viel zu selten gelobt. Wir wollen das an dieser Stelle ausdrücklich nachholen und ihnen den gebührenden Platz im Garten einräumen.

Salbei: Unermüdlicher Blüher.

Ausgesprochene Frühaufsteher sind das Tränende Herz, die Gemswurz, Pfingstrosen und Türkenmohn. Sie zieren den Garten zwar schon ganz zeitig im Jahr, treten dann aber weniger sehenswert von der Bühne; ihre vergilbenden Blätter sehen nach der Blüte meist unschön aus. Kein Problem: Weitsichtige Gärtner weisen ihnen einen Platz in der hinteren Reihe zu, wo sie sich in ihren guten Tagen weithin sichtbar entfalten. Ist ihre Uhr abgelaufen und nicht mehr viel mit ihnen los (Zwiebelblumen verhalten sich übrigens ganz ähnlich), dann werden sie von anderen Stauden überholt, die im Vordergrund stehen. Deren Wuchs ist dann stattlich genug, um die Hinterbänkler dezent zu verdecken.

Nach diesem Überholmanöver streben die Spätstarter, allen voran die Herbstastern, ihrem Höhepunkt entgegen und lassen das Jahr herbstlich ausklingen.

Durchdachtes Chaos: Spätestens auf den zweiten Blick wird klar, dass die überbordende Fülle dieser Beete einem Thema unterliegt.

Harmonischer Farbendreiklang: Aster in Violettblau, purpurrote Blut-Berberitze und rote Fetthenne, dazu graulaubige Gräser und Bodendecker (Bild oben links).

Rot in Rot: Taglilien, Montbretien sowie Stachelnüsschen als Bodendecker. Die rote Dahlie passt zwar farblich gut, ist aber weniger lazy, da sie im Herbst ausgegraben und frostfrei überwintert werden muss (Bild oben rechts).

Rosen und mehr: Katzenminze und Storchschnabel sind gute Begleiter zu Rosen (Bild Mitte links).

Blattschmuck: Gelbe Taglilie und Mädchenauge, dazu Blättervielfalt von grauem Katzenpfötchen und gelbgrünem Oregano (Bild Mitte rechts).

Bunte Fülle: Sonnenbraut in Rotbraun und Gelb, Schleierkraut in Weiß, und und und (Bild unten links).

Herbstlicher Akzent: Vor Gräsern und einem ruhigen Bodendecker dominiert die Hohe Fetthenne das Bild (Bild unten rechts).

Sommerblumen,

die sich selbst aussamen, sind besonders lazy. Jahr für Jahr sorgen sie in Eigenregie und ohne jedes Zutun für ihre Vermehrung und Verbreitung, tauchen oft überraschend an neuen Stellen im Beet auf – und passen dort erstaunlicherweise fast immer!

Keimen sie direkt im Beet,

suchen sich die Sommerblumen ihre idealen Verhältnisse praktisch selbst: Sie treiben ihre Wurzeln tief in den Boden, finden dort fast immer genügend Feuchtigkeit und müssen nur selten gewässert werden.

Sommerblumen spielen nicht gern die Rolle von Solisten, sie wirken nur im Chor. Damit sie gleich gruppenweise platziert werden können, sollte das Beet nicht zu schmal (1,20 m Breite oder größer) sein.

Sommerblumen-Palette: Kosmeen, Ringelblumen, Mutterkraut & Co. kommen immer wieder von selbst.

TIPP

Für die Selbstaussaat eignen sich vor allem Ringelblumen, Goldmohn, Kosmeen, Färberkamille, Schleifenblume, Marokkanischer Lein, Seidenmohn, Goldlack, Vergissmeinnicht und Duftsteinrich. Manche dieser Arten sind in Sommerblumen-Mischungen enthalten, die sich direkt an Ort und Stelle aussäen lassen.

Auch manche Stauden

säen sich, einmal im Garten beheimatet, ganz von selbst aus, sodass man sich um deren Nachwuchs keine Sorgen zu machen braucht. Zu den bekanntesten Beispielen zählen Akelei und Fingerhut, absolute Lazy-Pflanzen, um die man sich wirklich nur einmal kümmern muss. Gefällt ihnen der Standort – ideal ist ein Platz im Halbschatten mit nicht zu trockenem Boden –, bleiben sie jahrelang erhalten und sorgen für Abwechslung im Beet.

1. **Akeleien** gehen mit ihren kapriziösen Blüten auf Blickfang. Von der Wildform gibt es violette, weiße, aber auch rosafarbene Varianten.
2. **Fingerhüte** recken ihre hohen rosa oder weißen Blütenkerzen dem Betrachter entgegen und fangen via Selbstaussaat gern an zu wandern.

Rosen und Lavendel: Eine bewährte Mischung, die immer ankommt.

Rosen

sind Pflanzen von Adel. Maler und Poeten aller Epochen und Kulturen ließen sich von ihrer Schönheit und ihrem Duft verzaubern. Auch der heutige Mensch ist für romantische Atmosphäre empfänglich. Welche Blumen könnten diesem Bedürfnis besser entgegenkommen als Rosen?

Gibt es einen Garten ohne Rosen? Das wäre schade. Rosen verlangen nicht viel und zeigen sich trotzdem dankbar, sind also die passenden Partner für die, die's lazy mögen. In Bezug auf das Gießen geben sie sich ähnlich genügsam wie die Sommerblumen. Nur wenn Hitze und Trockenheit lange anhalten, sind sie dankbar für zwei, drei Kannen Wasser – ganz umweglos direkt an die Wurzeln. Ein dauerndes »Viel hilft viel« darf gar nicht Usus werden, allzu fürsorgliches Wässern macht die Rosen sogar anfällig für Mangelerscheinungen: Sie gewöhnen sich dann gern daran, dass in den obersten Bodenschichten genügend Wasser zur Verfügung steht, und treiben ihre Wurzeln nicht mehr in die Tiefe. Sollten die Zeiten doch wieder härter werden, rächt sich das.

Die Rosen gegen Pilzkrankheiten spritzen zu müssen, passt keinem Lazy-Gärtner. Es muss ja aber auch nicht sein: Es gibt (weitgehend) resistente Sorten, die sich mit dem **ADR-Prädikat** zu erkennen geben. Die Buchstaben stehen für »Allgemeine Deutsche Rosenneuheitenprüfung« und haben demnach den anspruchsvollsten Dauertest mit Bravour überstanden. Und ein Tipp am Rande: Selbst ein bisschen Sternrußtau auf den unteren Blättern muss den Rosenfreund nicht gleich aus der Ruhe bringen.

Einen besonders überzeugenden Eindruck machen Rosen in Kombination mit Stauden. **Bewährte Partner** sind zum Beispiel verschiedene Salbei-Arten, Lavendel, Katzenminze und zierliche Gräser. Die Leuchtkraft solcher Kombinationen wird nochmals gesteigert, wenn sich das Ganze vor dem ruhigen Hintergrund einer Mauer oder einer dunkelgrünen Hecke abspielt.

Gut zu Rosen: Dezente Blüher wie die Königskerze und grauer Wollziest – absolut pflegeleicht.

'Centenaire de Lourdes'
Problemlose Strauchrose

'Helmut Schmidt'
Edelrose mit herrlichem Duft

'The Fairy'
Bildhübscher Bodendecker

Lazy-Blumen für die Sonne

Name	Silberährengras *(Achnatherum calamagrostis)*	Kissenaster *(Aster*-Dumosus-Hybriden)	Herbstaster *(Aster novi-belgii)*	Ringelblume *(Calendula officinalis)* ⊙	Schmuckkörbchen, Kosmee *(Cosmos bipinnatus)* ⊙	Rittersporn *(Delphinium*-Hybride)	Kugeldistel *(Echinops ritro)*
Blütezeit	7–9	8–9	9–10	4–11	6–10	6–7 und 9–10	7–9
Höhe	60–80	25–40	90–120	30–60	60–120	120–200	80–120
Bemerkungen	Die Ähren erinnern ein wenig an Pferdeschweife, die Halme wirken wie Strahlen. In seiner Heimat im Alpenraum heißt es auch »Föhngras«.	Ihrem Namen entsprechend bleibt die Staude niedrig. Ihre Blüten haben je nach Sorte eine hell lavendelblaue, kräftig blaue, karminrote oder weiße Farbe.	Die genannte Art wird auch Glattblattaster genannt. Ihre Zungenblüten sind je nach Sorte altrosa, violettblau, rotviolett, tiefblau oder purpurrot und geben dem Herbstgarten ein charakteristisches Gesicht.	Eine erfreulich unempfindliche Pflanze, die auch als Schnittblume in der Vase lange Zeit Freude macht. Außer in Gelb und Orange gibt es sie auch mit zweifarbigen Blüten.	Es wächst aufrecht, verzweigt sich reich und nimmt dann eine buschige Wuchsform an. Die rosafarbenen oder weißen Schalenblüten machen sich gut in jedem sommerlichen Strauß.	Sozusagen der Inbegriff einer stolzen Gartenstaude: Wer zählt die Sorten, nennt die Namen. Wenn man nach der Blüte scharf zurückschneidet, erhält man im Spätsommer eine zweite Blüte.	Mit ihren blauen Kugelköpfen, hoc oben auf den gereckten Stängeln, entlocken sie dem Gärtner ein leicht Schmunzeln: Eine Staude der guten Laune! Übrigens gut als Trockenblume geeignet.

Name	Federmohn *(Macleaya cordata)*	Chinaschilf *(Miscanthus sinensis)*	Katzenminze *(Nepeta x faassenii)*	Pfingstrose *(Paeonia*-Lactiflora-Hybriden)	Phlox, Staudenphlox *(Phlox paniculata)*	Strauchrose 'Angela'	Strauchrose, 'Louise Odier'
Blütezeit	7–8	9–10	6–10	5–6	7–9	6–10	6–10
Höhe	200–300	120–200	20–50	70–100	80–120	90–120	130–150
Bemerkungen	Der ebenfalls gebräuchliche Name Korallenfeder bringt zum Ausdruck, dass die Blütenrispen ein ziemlich bizarres Bild abgeben. Fast noch auffälliger sind aber die riesigen blaugrünen Blätter.	Über schmalen, streifenförmigen Blättern erheben sich bambusartige Halme, die staubwedelähnliche Blütenrispen tragen Deren Farben sind je nach Sorte silbrig ('Silberfeder'), weiß oder bräunlich.	Der Name legt nahe, dass Katzen an dieser Staude einen Narren gefressen haben: Sie streben direkt darauf zu und suhlen sich geradezu in der Pflanze (die dann zerzaust aussieht). Also: Wo es Katzen gibt, auf alles gefasst sein!	Bildet große Laubbüsche aus und hat zwei- bis dreifach gefiederte Blätter. Die Blütenschalen sind je nach Sorte einfach oder gefüllt und spielen mit der Farbskala von Weiß über Rosa bis Weinrot.	Mit dem ebenfalls üblichen Namen Flammenblume gibt der Phlox zu erkennen, dass sein fulminanter Auftritt jedes Staudenbeet veredelt. Hinzu kommt in aller Regel ein aparter Duft.	Eine niedrige, reich und lange blühende Sorte mit locker gefüllten Schalenblüten in Rosa mit einem Hauch von Pink. Obwohl sehr robust, zeigen die in Büscheln stehenden Blüten den Charme alter Rosen.	Die reinrosa Blüt wirken mit ihren dicht an dicht stehenden Blüten blättern besonde prächtig. Die Sort hat Charakter, sie stammt von 1851 und überzeugt zudem mit intensivem Duft.

⊙ = Sommerblume, alle anderen Pflanzen sind Stauden oder Rosen

instrahlaster rigeron-Hybriden)	Goldmohn *(Eschscholzia californica)* ☉	Schleierkraut *(Gypsophila repens)*	Sonnenbraut *(Helenium-*Hybriden)	Sonnenauge *(Heliopsis helianthoides var. scabra)*	Taglilie *(Hemerocallis-*Hybriden)	Lavendel *(Lavandula officinalis)*	Sommermargerite *(Leucanthemum × superbum)*
-7 und 9–10	6–10	5–8	6–9	7–9	6–8	7–8	7–9
-80	20–30	10–15	60–150	120–150	70–100	30–50	50–80
e bildet buschige orste und wird n besten in Grup- n gepflanzt. Fein- ahl heißt diese bsche Staude, il die Blüten s einem Kranz ner Strahlen Weiß, Blau oder sa bestehen.	Gebräuchlich ist auch der Name Schlafmützchen Er eignet sich dazu, Lücken im Beet attraktiv zu überspielen und hat es in seiner Karriere bis zur Wappenblume Kaliforniens gebracht.	Zart und duftig ist dieser feingliedrige Bodendecker, der sich mit kleinen rosa oder weißen Blütenknöpfchen schmückt. Besonders empfiehlt er sich zu Rosen und am Beetrand, um die Kante zu verdecken.	Die Körbchenblüten mit ihrer Farbpalette rund um die rötlichen Töne von Gold und Gelb machen die Sonnenbraut zu einer fast schon klassischen Erscheinung im Staudenbeet. Auch als Schnittblume lange haltbar.	Wie der Name schon vermuten lässt, erscheinen die goldgelben Blütenköpfe wie tausendfache Spiegelbilder der Sonne und dürfen eigentlich in keinem Garten fehlen.	Trotz ihrer recht kapriziösen Erscheinung stellt die Taglilie (die so heißt, weil sich ihre Einzelblüten jeweils nur für einen Tag öffnen) keine nennenswerten Ansprüche.	Zu der filigranen Gestalt gesellt sich der berühmte Duft, der jeden Passanten entzückt und noch intensiver wahrzunehmen ist, wenn man ein, zwei Blütenblättchen zwischen den Fingern zerreibt.	Die großen Blütenköpfe mit ihren weißen Blättern haben eine gelbe Mitte. Die Pflanze bringt ein wenig von der »wilden Natur« ins Staudenbeet.

rauchrose, glische Rose ary Rose'	Beetrose, Bodendeckerrose 'Mirato'	Beetrose, Bodendeckerrose 'Schneeflocke'	Strauchrose 'Westerland'	Salbei *(Salvia nemorosa)*	Gold-Fetthenne *(Sedum floriferum)*	Hohe Fetthenne *(Sedum telephium)*	Wollziest, Wolliger Ziest *(Stachys byzantina)*
10	6–10	6–10	6–10	6–10	6–9	9–10	6–7
o–120	40–60	40–60	150–200	40–80	10–20	40–50	15–30
haltend und ch blühend bringt ese zart duftende se mit ihrem schen Rosa einen uch Romantik den Garten. gar im Winter der kleine rauch hübsch zusehen.	Das leuchtende Pink der Blütenbüschel lässt ein Beet sozusagen von unten herauf leuchten. Es handelt sich um einen Dauerblüher mit einer fast schon unverwüstlichen Gesundheit.	Strahlend weiß zeigen sich die ungefüllten Blüten dieses anspruchslosen Bodendeckers. Mit ihm lassen sich auch ganze Flächen problemlos begrünen.	Diese wüchsige Sorte bringt mit zahlreichen Trieben einen kompakten Strauch hervor, dessen reicher Blütenschmuck in Orange bis Apricot nur im Hochsommer mal kurz pausiert.	Salbei tritt in vielerlei Arten und Sorten auf, darunter auch der heilkräftige Gewürzsalbei. Im Beet geht es vorrangig um die strammen Blütenähren mit ihren geheimnisvollen Violett- und Blautönen.	Dieser Bodendecker bildet flache Polster oder ganze Teppiche und ist deshalb besonders lazy, weil er sich durch nichts aus seiner wuchswilligen Ruhe bringen lässt.	Es gilt das Gleiche wie schon in der linken Nachbarspalte, wobei diese Art höher wird und besonders breite, flache und dichte Blütendolden von rostroter Farbe ausbildet.	Es gibt noch einen dritten Namen, der zur Wuchsform alles besagt: Hasenohren. Der äußerst zählebige Bodendecker hat fleischige Blätter mit wolliger, filziger Behaarung, die auch im Winter sichtbar bleiben.

Halbschattige Beete: Wie wär's mit etwas Wald?

Gerade für den Halbschatten gibt es niedrige Stauden, die den Boden lückenlos bedecken.

Wo Licht und Schatten im andauernden Wettstreit liegen und es Tag für Tag ein Unentschieden gibt, fühlen sich Gewächse wohl, die von Natur aus im Halbschatten des Waldes zu Hause sind. Es ist demnach nahe liegend, im Halbschatten des Gartens vorzugsweise Wildstauden und Farne anzusiedeln und zu ihren Füßen einen Teppich aus Bodendeckern auszubreiten.

Den schönsten Hintergrund eines halbschattigen Beetes bildet eine Hecke, und zwar je nach Platzverhältnissen eine schlanke Schnitthecke oder eine aus frei wachsenden Sträuchern, zum Beispiel Zierkirsche, Duftschneeball, Buchsbaum und Eibe (siehe Beispiel Seite 77).

Sehen wir uns den Pflanzplan etwas genauer an: Um der Pflanzung optischen Halt zu geben, kann in der hintersten Ecke eine Kanadische Hemlocktanne Platz nehmen. Bei größeren Beeten könnte das Zentrum auch unter dem Kronenschirm eines Fächerahorns liegen.

Farne unterstreichen den schattigen Charakter der Pflanzung. Zu empfehlen ist hier eine immergrüne Art, etwa der Borstige Schildfarn in den schönen Sorten 'Plumosum Densum' und 'Dahlem'. Auch Buchs, Eibe und Kirschlorbeer sind immergrün, alle zusammen geben dem Grau der kalten Jahreszeit einen frischen Anstrich.

Zum Staudenbeet im eigentlichen Sinne: Der Eisenhut lässt je nach Art sein tiefes Blau vom Hochsommer bis zum Herbst leuchten. Die ohnehin aparten Blütentropfen des Tränenden Herzens werden von Jahr zu Jahr schöner, sofern man die Pflanze an ein und demselben Fleck in Ruhe lässt, und zeigen sich im Mai/Juni. Im Herbst treten die bis dahin ziemlich dezenten Silberkerzen und Herbst-Anemonen dominant in Erscheinung. Ein weiteres Datum im Gartenkalender setzt die Christrose: Sie zeigt ihre weißen Blütenkelche von der Weihnachtszeit bis weit ins neue Jahr.

Der wandernde Schatten ist das Reich dezent blühender Stauden und attraktiver Blattformen.

So richtig lazy ist das Beet,

weil die hier versammelten Pflanzen ganz allein zurechtkommen, ohne dass ihnen der Mensch alle Augenblick zeigen muss, wo's langgeht. Lediglich ganz zu Anfang, wenn er der künftigen Pracht den Boden bereitet, sollte der Gärtner das eventuell vorhandene Unkraut möglichst spurlos entfernen. Wenig später erobern Bodendecker das Terrain und übernehmen diesen Job: Sie schließen sich flächendeckend zu einer wehrhaften Schicht zusammen und dulden kaum Unkraut zwischen oder neben sich. Während der Übergangszeit hilft eine Lage Rindenmulch, um unerwünschten Wildwuchs gering zu halten.

Als Bodendecker

im halbschattigen Beet empfiehlt sich die Zwerg-Prachtspiere, die am besten in Gruppen zur Geltung kommt und mit ihren lilarosa Blütenkerzen im Frühherbst eine schöne Fernwirkung hat. Als treuer Geselle unter den Bodendeckern darf Immergrün nicht fehlen, ergänzt von einer Partie Gedenkemein, einem zierlichen Gewächs mit lichtblauen Blüten. Dass die relativ zahlreichen Gehölze ihre Blätter aufs Beet werfen, irritiert die Bodendecker in keiner Weise: Sie betätigen sich als Laubschlucker, sind für diese herbstliche Nahrungsspende sogar ausgesprochen dankbar.

Damit auch im Hintergrund des Beetes etwas Sehenswertes passiert – und das schon möglichst früh im Jahr –, werden dort gruppenweise Zwiebelblumen eingestreut, etwa Winterlinge, Schneeglöckchen, Wildkrokusse und Blausternchen, ebenso Tulpen und Narzissen. Fingerhüte und Akeleien setzen hier und da ein Ausrufezeichen. Fühlen sie sich erst einmal heimisch, bleiben sie ortstreu und samen sich immer wieder von selbst aus.

Blumenbeet im Halbschatten

1. Storchschnabel *(Geranium macrorrhizum* 'Spessart')
2. Herbst-Anemone *(Anemone hupehensis* 'Honorine Jobert')
3. Herbst-Eisenhut *(Aconitum carmichaelii)*
4. Silberkerze *(Cimicifuga simplex)*
5. Astilbe, Prachtspiere *(Astilbe thunbergii* 'Straußenfeder')
6. Fingerhut *(Digitalis purpurea)*
7. Zwerg-Astilbe *(Astilbe chinensis* var. *pumila)*
8. Kaukasus-Vergissmeinnicht *(Brunnera macrophylla)*
9. Akelei *(Aquilegia vulgaris)*, am Einziehen
10. Tränendes Herz *(Dicentra spectabilis)*, ist bereits eingezogen
11. Borstiger Schildfarn *(Polystichum setiferum* 'Plumosum Densum')
12. Christrose *(Helleborus niger)*
13. Kissenprimel *(Primula acaulis)*
14. Bergenie *(Bergenia*-Hybride 'Morgenröte')
15. Gedenkemein *(Omphalodes verna)*

Früh blühendes Kaukasus-Vergissmeinnicht, da und dort eingestreut, wirkt durch den lebhaften Kontrast zwischen seinen sattgrünen Blättern und dem frischen Blau der Blüten. Tränendes Herz, Storchschnabel, Astilbe, Silberkerze und Herbst-Anemonen lösen sich im Blühen bis zum Herbst hin ab und machen den überzeugendsten Eindruck, wenn sie jeweils in Gruppen gepflanzt werden.

Es kann ziemlich ungepflegt aussehen und die Staudenpflanzung sogar in Bedrängnis bringen, wenn der angrenzende Rasen allmählich in das Beet hineinwächst. Eine Beet- beziehungsweise Rasenkante aus einer Reihe von Klinkersteinen (12,5 x 24 cm) verhindert ein solches Malheur und erleichtert zudem das Rasenmähen. Der Rasen erhält damit eine klare Grenze, sodass das Nachschneiden von Hand entfällt. Wer eine steinerne Mähkante nicht mag, kann das Beet auch mit Mulchmaterial einsäumen.

Lazy-Blumen für den Halbschatten

Name	Herbst-Eisenhut *(Aconitum carmichaelii)*	Herbst-Anemone *(Anemone hupehensis)*	Akelei *(Aquilegia vulgaris)*	Zwerg-Astilbe *(Astilbe chinensis* var. *pumila)*	Astilbe, Prachtspiere *(Astilbe thunbergii)*	Schaublatt *(Astilboides [=Rodgersia] tabularis)*	Bergenie *(Bergenia-*Hybriden*)*
Blütezeit	8–10	8–9	5–6	8–9	7–8	6–7	4–5
Höhe (cm)	100–140	60–100	60–70	10–25	80–120	80–150	30–40
Bemerkungen	Das Blau des spät blühenden Eisenhutes wirkt ganz besonders in der Nähe von rosa und weißen Herbst-Anemonen und von Silberkerzen.	Sie bildet ansehnliche Horste, die auch haltbare Schnittblumen hervorbringen. Es macht der Pflanze nichts aus, im Schatten des Hauses zu stehen.	Die gespornten Blüten können sich der Aufmerksamkeit des Betrachters sicher sein. Die Akelei samt sich stark aus, begibt sich also in gewissem Sinne auf Wanderschaft durch den Garten.	Die lilarosa Blütenrispen dieses Bodendeckers recken sich auf straffen Stielen empor, sein Laub bedeckt nach dem Einwachsen zuverlässig den Boden.	Die elegant überhängenden Blütenrispen spielen zwischen Weiß, Rosa und Lila und tupfen ein duftiges Bild in den Garten.	Auch der Name Tafelblatt ist gebräuchlich – ein Hinweis darauf, dass die tellerförmigen Blätter auf ihren langen Stielen eine besondere Attraktion darstellen.	Das immergrüne Gewächs ist mit so gut wie jedem Boden einverstanden und verübelt nicht einmal einen Platz in völligem Schatten.

Name	Kaukasus-Vergissmeinnicht *(Brunnera macrophylla)*	Silberkerze *(Cimicifuga simplex)*	Fingerhut *(Digitalis purpurea)* ☉	Storchschnabel *(Geranium macrorrhizum)*	Christrose *(Helleborus niger)*	Gedenkemein *(Omphalodes verna)*	Borstiger Schildfarn *(Polystichum setiferum)*
Blütezeit	4–6	9–10	6–7	5–7	12–4	4–5	–
Höhe (cm)	40–50	120–140	100–150	20–30	25–60	15–20	40–50
Bemerkungen	Die Blätter verdichten sich zu einem Teppich, über dem das intensive Blau der Blüten kontraststark zur Geltung kommt.	Die langen Blütenkerzen stehen steif und aufrecht, sind eine Labsal fürs Auge und haben sogar einen dezenten Duft. Bei Trockenheit will die Pflanze gern gegossen werden.	Der Name (der leider giftigen!) Pflanze gibt sich bescheiden, aber in Wahrheit tragen die Blütenkerzen gleich Dutzende kleiner Fingerhüte.	Storchschnäbel bewähren sich als kriechende Bodendecker und bringen tellerförmige Blüten hervor, die über den Blättern weißlich-rosa bis rot leuchten.	Man nennt sie auch Lenzrose. Beide Namen stecken den Zeitraum der Blüte ab: Optimistisches Weiß in trüber Jahreszeit!	Die kleinen Blüten erinnern an das Vergissmeinnicht, die herz- bis eiförmigen Blätter bilden als Bodendecker ganze Teppiche.	Die feinen, weichen, wintergrünen Wedel zaubern filigrane Eleganz ins Beet und zeigen sich in ihrem Wachstum bemerkenswert vital.

☉ = Sommerblume, alle anderen Pflanzen sind Stauden oder Rosen

Rasen

Ein grüner Teppich macht den Garten wohnlich

Erholung pur: Rasengrün und bunte Blumen sorgen für Ferienstimmung.

Komponiert wie ein Gemälde soll der Garten sein, wie ein meisterhaft gemaltes Bild. Aber man will ihn hautnah erleben, sich darin wohl fühlen, mitten im Garten zu Hause sein, umgeben von der Schönheit der Natur. Eine Rasenfläche verschafft uns diesen Zugang. Rasen ist das nach wie vor konkurrenzlose Mittel, einen Garten als echten Erholungsraum zu erschließen. Er ist gutmütig und lässt fast alles mit sich machen: Man darf ihn betreten, darauf spielen, herumtollen, lagern, ein Picknick oder ein Grillfest veranstalten und mittags eine Liege aufstellen, um ein Nickerchen zu halten.

Rasen bietet Erholung pur, auch fürs Auge. Da mögen die Stauden, Rosen, Sommerblumen und Gehölze rings im Garten noch so farbenfroh um die Gunst des Betrachters buhlen: Wirklichen Effekt machen sie nur, wenn dazwischen das ebenmäßige Grasgrün Ruhe stiftet und Raum zum Durchatmen schafft.

Mit einer Kante wirkt so ein grüner Teppich noch ein ganzes Stück ansehnlicher, weil dann Beete und Rasen klar voneinander abgegrenzt sind und sich nicht gegenseitig stören. Außerdem erleichtert eine befestigte Kante das (von Zeit zu Zeit leider unvermeidliche) Mähen des Rasens. Wenn schon Arbeit nötig ist, dann soll man sie sich wenigstens einfach machen, denn wer schneidet schon gerne Grasbüschel von Hand nach?

Rasenkante erleichtert das Mähen erheblich

Einfassung am Beetrand schafft klare Trennung

Hecken gliedern die Rasenfläche, so erscheint der Garten noch großzügiger.

Der Garten sieht gleich viel größer aus, wenn ihn von vorn bis hinten eine Rasenfläche durchzieht. Am besten schließt sich der Rasen – wenigstens zum Teil – unmittelbar an die Terrasse oder den Sitzplatz an. Dann steht dem Blick buchstäblich nichts im Wege, und der Garten bekommt eine ganz erstaunliche Tiefenwirkung. Dieser Eindruck lässt sich noch steigern, wenn im hinteren Drittel ein Baum oder ein größerer Strauch die Rasenfläche unterteilt. Es darf aber wirklich nur ein Einzelgänger sein, denn mehrere Gehölze, womöglich das eine oder andere Blumenbeet inmitten des Rasens, machen die ganze Großzügigkeit zunichte.

Man täte dem Rasen unrecht, wollte man ihn nur zur Erschließung des Gartens nutzen. Rasen hat seine eigenen Rechte. Als grüner Grund, der den Garten zu einem Raumerlebnis macht, braucht Rasen einfach Platz. Deshalb sollten Blumenbeete und Gehölzpartien an die Ränder zurücktreten und sich umso schmaler machen, je kleiner der Garten ist.

Bisher war nur von den visuellen Qualitäten des Rasens die Rede. Wer aber jemals barfuß über den flauschigen Flor spaziert ist oder wem der Duft frisch gemähten Grases in die Nase stieg, weiß Rasen als etwas rundum Wohltuendes zu schätzen. Und wer die Ohren spitzt, kann sogar das Gras wachsen hören…

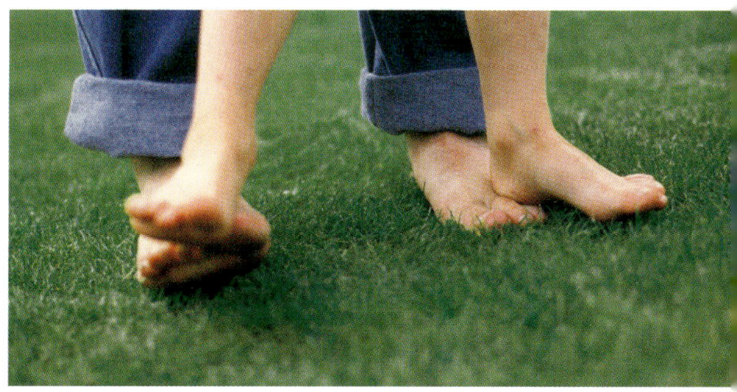

Wenn die Sonne fehlt: Schattenrasen sorgt auch hier für sattes Grün.

Auf die richtige Mischung kommt es an, damit aus Grassamen eine ebenmäßige Rasenfläche entstehen kann. Rasensaat enthält grundsätzlich die Samen vieler verschiedener Gräser: Arten, die konzentrierte Horste bilden, und solche, die mit Ausläufern um sich greifen, treten immer gemeinsam auf, damit sich schon bald ein möglichst dichter Teppich bildet.

Ein Indiz dafür, ob die im Garten-Center angebotene Rasenmischung etwas taugt, ist der Preis. Mit Billigware spart man nur zu Anfang Geld, später können sich dann Ausfallerscheinungen zeigen. Die höherwertigen Mixturen sind in aller Regel an der Ausführlichkeit der Packungsaufschrift erkennbar und enthalten – falls gewünscht – eine Dünger-Beimengung zur Starthilfe. Für lichtarme Partien gibt es im Handel Spezialmischungen aus schattenverträglichen Grasarten. Trotzdem gilt generell: Rasen ist in erster Linie etwas für sonnenverwöhnte Plätze.

Erinnerungen an die letzte Reise auf die britischen Inseln muss der mitteleuropäische Gartenfreund leider ausblenden, wenn er nicht depressiv werden will: Ein grüner Luxus nach englischer Art ist aus klimatischen Gründen bei uns nicht machbar – und im Unterhalt auch alles andere als lazy. Universeller »Strapazierrasen« sieht bei normaler Pflege aber ebenfalls passabel aus. Ausgesät wird er am besten im Mai/Juni oder im Frühherbst. Näheres dazu finden Sie auf Seite 116 ff.

Rollrasen ist echt lazy, aber etwas kostspieliger als der »Rasen aus dem Sack«. Rollrasen heißt so, weil er – ähnlich dem Teppichboden fürs Wohnzimmer – als aufgerollter, fix und fertig verfilzter Belag angeliefert und im Garten einfach entrollt wird. Wo es eben noch grau und erdig zuging, breitet sich nur Momente später ein makelloser Rasen aus. Das kostet den Auftraggeber keinen einzigen Schweißtropfen. Das Branchenbuch – Stichwort »Garten- und Landschaftsbau« – gibt Auskunft über entsprechende Anbieter. Und was glauben Sie, was die Nachbarn für Augen machen, wenn der Garten nahezu über Nacht ergrünt ist.

Spontaner Sitzplatz: mitten im Rasengrün.

Blumenwiesen

laben das Auge und lassen der Natur freien Lauf. Im Garten setzen sie spielerisch Tausende kleiner Farbtupfer. Ein quicklebendiges Insektenvölkchen schwirrt herbei und erklärt die Wiese zum Lieblingsplatz – überall buntes Flattern und Summen. Das Beste: Eine Blumenwiese funktioniert echt lazy.

Blumenwiesen sind echt lazy – zweimal mähen genügt.

Magerer Boden, reiches Blühen – so sind Blumenwiesen am schönsten.

Der Genuss beschränkt sich

auf den bloßen Anblick. Im Unterschied zum Rasen, der nach Belieben betreten werden darf, hat es eine Blumenwiese gar nicht gern, wenn man sie mit Füßen tritt. Auch Kinder müssen sich zum Spielen eine andere Stelle im Garten suchen, wenn die Blumenwiese erhalten bleiben soll. Aber mit dieser Einschränkung sind wirklich alle Nachteile bereits abgehakt. Unter den zahlreichen Vorzügen für bequeme Gärtner besticht besonders, dass eine Blumenwiese allzu emsige Pflege missbilligt, vermeintliche Vernachlässigung dafür umso lieber mag: Sie will nicht gedüngt werden. Je ärmer der Boden, desto besser können sich die bunten Blumen und Kräuter durchsetzen. Andernfalls würden die eher langweiligen Gräser die Oberhand gewinnen.

Die besten Monate für die Aussaat sind August und September, es darf aber auch schon früher sein. Bitte sparsam säen – ungefähr 10 g/m^2. Sonst entsteht drangvolle Enge, und die einzelnen Pflanzen behindern sich gegenseitig. Damit die Wiesenblumen keimen und den Weg ins Leben finden können, sollte der Boden anfangs ständig feucht gehalten werden.

Besonders lazy:

Eine Blumenwiese will nur einmal oder (besser) zweimal im Jahr gemäht werden, im Juli und noch einmal im September. Das hält sie bei Laune, sonst würde ihre Artenvielfalt allmählich zurückgehen. Nach dem Schnitt muss das Mähgut gleich entfernt werden, damit es sich nicht als Dünger auswirken kann – mit den geschilderten unerwünschten Folgen. Im Jahr der Ansaat nach gut sechs Wochen zum ersten Mal mähen: Die Voreiligen unter den Pflanzen müssen zurückgepfiffen werden, damit die in ihrer Entwicklung etwas langsameren Arten mitkommen. Zum Mähen selbst empfehlen sich Sense (den Umgang kann man in Kursen lernen) oder – einfacher – Motorsense oder Balkenmäher.

Eine solche Blütenpracht bieten Feldblumen nur für ein Jahr. Dauerhafte Blumenwiesen müssen Sie mit speziellen Mischungen ansäen.

Wie die reine Natur

wirkt eine Blumenwiese, wenn man ihrem Rand beim Mähen eine schwungvolle, aber unregelmäßige Linie gibt. Bei genügend Platz kann man Rasen und Blumenwiese direkt aneinander grenzen lassen. Vorteil: Die Wiese liegt im Blick, wenn man auf dem Rasen faulenzt.

Bei geringerem Platzangebot empfiehlt es sich, mit dem Rasenmäher eine Schneise hineinzuschneiden. Der kleine Weg, der dadurch entsteht, wird von den Wiesenblumen künftig gemieden, weil sie die Trittbelastung nicht mögen. Auf so einem Pfad bewegt man sich staunend mitten durch den duftigen Blütenzauber.

Übrigens: In Blumenmischungen enthaltene Feldblumen wie die drei unten gezeigten sind einjährig, damit lässt sich eine Blumenwiese nur andeuten.

Ringelblume
Unermüdlich blühend bis zum Frost

Liebeshainblume
Zarter Blütenteppich in Weiß-Blau

Schmuckkörbchen
Duftig im Laub und in der Blüte

Feldblumenmischungen

zaubern fröhlich-zarte Farben und erblühen nur mitten in der prallen Sonne in voller Pracht. Sie bringen zwar keine dauerhafte Blumenwiese hervor, da sie nur einjährige Arten – und keine Gräser – enthalten, doch versamen sie sich dafür immer wieder, sofern der Boden offen bleibt.

Während Blumenwiesen ein flächiges Arrangement bunter Blumen zaubern, lohnen sich Feldblumenmischungen für kleinere, noch nicht bepflanzte Lücken. Sie schaffen auch in einem neuen Garten auf Anhieb ein buntes Bild, selbst wenn das übrige Terrain noch an eine Baustelle gemahnt. Der Blütenreichtum erinnert an die bunten Ränder von Feldwegen – woher die meisten Arten dieser Fertigmischungen auch stammen. Sie blühen schnell und reich und machen sich auch gut in der Vase, halten dort allerdings meist nicht sehr lange.

TIPP

Magerer Boden

ist genau richtig für Feldblumen. Eine Düngung wäre hier nicht gut, sondern nur gut gemeint: Die Pflanzen würden zu mastig werden und beim erstbesten Regen umkippen. Auch sollte das Beet möglichst unkrautfrei sein und in voller Sonne liegen. Die lange Blütezeit erlaubt es, über Wochen hinweg bunte Sträuße für die Vase zu schneiden.

Von filigraner Gestalt

sind diese Gewächse, die dennoch stärkerem Regen trotzen. Gesät werden die Mischungen zwischen April und Juli. Das Saatgut darf nicht zu dicht ausgestreut werden, damit sich die einzelnen Arten ohne Platznot zu voller Schönheit entwickeln können. Dann darf man sich faul zurücklehnen und ab Juli bis zum Frosteinbruch über das bunte Blütenmeer freuen. Im Handel gibt es verschiedene Mischungen. Hier eine Auswahl:

1. **Romantik**
   Schon der Name weckt Vorfreude auf das nostalgische Blühen.
2. **Sommerblumen-Parade**
   Sorgt für bunte Sträuße, und das wochenlang.
3. **1001 Nacht**
   Über 20 bezaubernde Arten locken Schmetterlinge und andere Insekten.

Hecken

Ein grüner Rahmen hält den Garten zusammen

Diese Hecke markiert die Grenze, lässt aber den Blick auf Haus und Garten frei.

Hecken sind die Wände eines Gartens und geben ihm Halt. Eine Hecke markiert die Grenzen eines Gartens ebenso unmissverständlich wie ein Zaun oder eine Mauer, sieht aber in aller Regel gefälliger aus. Vor dem Hintergrund einer ebenmäßigen Hecke kommt die bunte Fülle der Beetpflanzen noch plastischer und leuchtender zur Geltung.

Weil ein räumlicher Eindruck immer nur dort entstehen kann, wo es klar definierte Einfassungen gibt, machen Hecken den Garten als Raum erfahrbar. Sie gliedern ihn auch in einzelne Zonen – zum Beispiel den Spielbereich für die Kinder oder den Sitzplatz zum Entspannen. Dafür müssen sie nicht mannshoch sein; schon eine Beeteinfassung in Form einer niedrigen Buchshecke gibt dem Garten Rhythmus und Struktur.

Hecken haben auch positiven Einfluss auf das Klima im Garten, denn die Taubildung in ihrem Gezweig verströmt eine angenehme Kühle. Sie erfreuen sich als Nistplatz und Nahrungsquelle großer Beliebtheit vor allem bei Kleinsäugern und Vögeln. Das gilt übrigens, einem verbreiteten Vorurteil zum Trotz, auch für Hecken aus Nadelgehölzen.

Sie erfüllen wichtige Funktionen, denn sie bewähren sich als Windschutz, fangen den Straßenstaub ab, dämpfen die Umweltgeräusche und stehen einer neugierigen Nachbarschaft blickdicht im Weg. Hecken gefallen aber auch allein durch ihre Schönheit:

- **Frei wachsende Strauchhecken** bezaubern mit ihren Wuchs- und Blattformen, Blütenhecken sind ein ästhetischer Blickfang allererster Güte (und eine Freude für Bienen und Schmetterlinge).
- Streng **in Form geschnittene Hecken** brauchen weniger Platz und bringen architektonische Klarheit in den Garten. Wer mag, kann die Hecken zu geometrischen und figürlichen Gestalten stutzen – dieser Job ist allerdings weniger lazy.

Lebendige Beeteinfassung: Buchshecken lassen sich niedrig und gut in Form halten.

Lazy-Gehölze für Schnitthecken

	Name	Blütezeit (Monate)	Höhe* (m)	Bemerkungen
	Feldahorn *(Acer campestre)*	–	1,5–3	Die für jeden Ahorn markanten gelbgrünen Blütenrispen treten während des Laubaustriebs in Erscheinung und bringen später die (bei Kindern) beliebten »Nasenzwicker« hervor.
	Blut-Berberitze *(Berberis thunbergii* 'Atropurpurea')	4–5	0,3–1	Die Berberitze legt mit einem jährlichen Zuwachs von bis zu 20 cm nur ein mittleres Tempo vor. Selbst nach einem kräftigen Rückschnitt macht sie munter weiter.
	Buchsbaum *(Buxus sempervirens)*	–	0,3–0,8	Buchs lässt sich viel Zeit beim Wachsen. Warum auch sollte er sich beeilen? Schließlich hat er eine Lebenserwartung von ungefähr hundert Jahren.
	Hainbuche *(Carpinus betulus)*	–	1,5–3	Das braune, dekorative Herbstlaub bleibt auch im Winter haften und bietet sogar während der kalten Jahreszeit Sicht-, Wind- und Staubschutz.
	Alpen-Johannisbeere *(Ribes alpinum)*	4–5	0,5–1,5	Der Strauch kommt auch im lichten Schatten gut zurecht, und treibt schon sehr früh zartgrün aus. Großes Plus: das gelbe Laub und die roten Beeren im Herbst.
	Spierstrauch *(Spiraea*-Bumalda-Hybride)	7–9	0,3–0,8	Als Heckenpflanze bietet sich unter den vielen Verwandten diese zwergige Form an, die in jedem Fall klein bleibt und gut schnittverträglich ist.
	Eibe *(Taxus baccata)*	–	1–2	Sie bewährt sich im lichten Schatten ebenso wie in der prallen Sonne, wenn der Boden nicht allzu trocken ist. Zudem lässt sie sich durch Schnitt gut in Form halten.
	Thuje, Lebensbaum *(Thuja occidentalis)*	–	1,5–3	Mit ihrem jährlichen Zuwachs von rund 30 cm wächst die Thuje recht flott. Den ab und zu notwendigen Rückschnitt nimmt sie sehr gelassen.

– unscheinbare Blüte
* empfehlenswerte Schnitthöhe

Eine in Form geschnittene Hecke kommt mit relativ wenig Platz aus, vor allem dann, wenn sie auf der Grundstücksgrenze verläuft und sich beide Nachbarn einig sind, jeweils die Hälfte der Heckentiefe zu übernehmen.

Die typischen **immergrünen Heckenpflanzen** sind Lebensbaum, Eibe und Gartenzypresse unter den Nadel- sowie Buchsbaum, immergrüne Berberitzenarten und Liguster unter den Laubgehölzen. In die Liste **sommergrüner Heckenpflanzen** gehören Hainbuche, Rotbuche, Feldahorn, Kornelkirsche, Berberitze, Feuerdorn und Spierstrauch.

Der **Schnittaufwand**, den die einzelnen Pflanzen verlangen, hängt mit der Größe zusammen, die sie in offener Landschaft erreichen würden. Die Buche zum Beispiel versucht unermüdlich, ein ausgewachsener Baum zu werden, weil es die Natur ihr so einprogrammiert hat. Entsprechend oft ist die Heckenschere gefragt. Die Berberitze dagegen verspürt keinerlei Ehrgeiz, größer als drei Meter zu werden, und erlebt ihr Dasein in der Hecke ziemlich lazy.

Laubgehölz-Hecken sollten zweimal im Jahr geschnitten werden, im Juli und während der Winterruhe. Wer weniger Wert auf akkurate grüne Wände legt, schneidet nur einmal, am besten erst Anfang August.

Schnitthecken

geben Rückendeckung und schirmen den Garten ab. Sie verlangen als Gegenleistung – nomen est omen – einen regelmäßigen Schnitt. Das muss niemanden abschrecken, denn mit dem richtigen Werkzeug ist es gar nicht schwer – und: Man spart sich ständiges Zaunstreichen und -reparieren.

Auf einzelne Blättchen oder Zweige braucht der Gärtner beim Schneiden der Hecke keine Rücksicht zu nehmen. Heckenpflanzen sind hart im Nehmen. Ob es sich um eine langstielige Heckenschere handelt, die von Hand bedient wird, oder um ein motorbetriebenes Gerät: Mit zügigem Schnipp-Schnapp oder schneidigem Geratter nimmt die Pflanzung wieder jene senkrechte Orientierung an, die sie zur Hecke macht. Näheres dazu finden Sie ab Seite 134.

TIPP

Jede Hecke hat zwei Seiten. Zum Licht hin entwickelt sie natürlich eine größere Vitalität. Heckenpflanzen, vor allem Thujen, nehmen Beschattung übel und verlieren ihr Grün. Entlang dichter Zäune (Maschendraht ist unproblematisch) oder Mauern werden sie bald kahl, doch diese Seite sehen wir ohnehin nicht.

Eine Thujenhecke ist im Sommer wie im Winter dicht und grün, hält also das ganze Jahr über den Wind zuverlässig ab. Außer der normalen Thuje gibt es Formen, die zum Teil etwas pyramidenförmig wachsen oder gelbgrünlich gefärbt sind.

Die Feldahornhecke wartet mit ähnlichen Vorzügen auf wie die Hainbuchenhecke: frischer Austrieb im Frühjahr, bizarres Gezweig als winterliche Silhouette. Späteres Verjüngen lässt sie sich ebenfalls gern gefallen.

1. **Hainbuche** ist schlicht und schön. Das braune Laub bleibt auch im Winter haften.
2. **Thuje** – zu deutsch Lebensbaum – ist immergrün und vermittelt einen Hauch von Süden.
3. **Feldahorn** gibt der Hecke ein ländliches Gesicht. Ohne Laub wirkt das Gezweig ausgesprochen grafisch.

Frei wachsende Hecken lassen der Natur ihren Lauf

Als Grenze und guter Sichtschutz sind die zu einer frei wachsenden Hecke komponierten Blütensträucher ideal. Allerdings nur in einem größeren Garten, denn sie brauchen deutlich mehr Platz als eine Schnitthecke, mindestens drei Meter. Wir haben bei der Zusammenstellung darauf geachtet, dass auch ein paar wintergrüne Gehölze vorkommen, und zwar Buchs, Mahonie, Kirschlorbeer und Eibe. So zeigt die Hecke auch während der tristen Jahreszeit ein tröstliches Grün.

Die Sträucher werden in aller Regel nicht höher als 2,50 m. Sollte genügend Platz vorhanden sein, macht es sich gut, dazwischen vereinzelt ein paar Arten zu pflanzen, die es auf fünf, sechs, sieben Meter Höhe bringen. Das bringt eine interessante Staffelung ins Bild. In Frage kommen zum Beispiel die wegen ihrer warmen kupferfarbenen Herbstfärbung ohnehin willkommene Felsenbirne, die wegen ihrer frühen Blüte attraktive Kornelkirsche, zudem Flieder verschiedener Sorten und der Fächerahorn. Letzterer verblüfft den Betrachter damit, dass seine zunächst dunkelgrünen Blätter in der Herbstsonne in feurigem Rot aufflammen.

Lebendig in Farben, Formen und Höhen: eine Hecke aus frei wachsenden Gehölzen.

In den ersten Jahren nach der Pflanzung muss der Boden offen gehalten werden, damit nicht ungebetener Wildwuchs als Konkurrenz auftritt. Für den Gärtner heißt das: die Fläche ab und an mulchen. Das hält den Boden feucht und locker und Unkräuter fern (siehe Seite 122 f.). Mit zunehmendem Wachstum bedecken die Sträucher den Boden ganz von selbst. Sie zeigen sich aber weiterhin als dankbare Abnehmer für Rasenschnitt, der woanders nicht unterzubringen ist. Gleiches gilt für Herbstlaub, das sich bis zum Frühjahr in Humus verwandelt.

Wer es etwas bunter treiben will, streut unter die Sträucher und an den Rand der Pflanzung locker einige Hand voll Kleinblumenzwiebeln. Die zeigen sich bereits vor den Sträuchern – bevor diese zu viel Schatten werfen – und grundieren das ganze Bild mit ihren Farbtupfern.

Frei wachsende Blütenhecke

Die Komposition der Blütensträucher-Hecke ist so ausgewogen, dass es ab April bis in den September hinein immer etwas Blühendes zu sehen gibt. Den Auftakt bildet die gedrungene, gelb blühende Mahonie. Einen ersten Höhepunkt erlebt die Hecke im Mai, wenn die Blütenrispen der beiden Fliedersträucher ihren wundervollen Duft verbreiten. Die Sorte 'Madame Lemoine' blüht rein weiß, die Sorte 'Andenken an Ludwig Späth' dunkel purpurrot. Im Blühkalender folgen zunächst Spierstrauch und Ranunkelstrauch, anschließend die Deutzie, die im Juni ihre weißen Blüten öffnet, sowie die Kolkwitzie mit ihrer überreichen Blütenpracht.
Alle Arten erreichen Wuchshöhen zwischen zwei und drei Metern, außer der nur eineinhalb bis zwei Meter hohen Weigelie, dem Spierstrauch und dem Ranunkelstrauch. Herbstlichen Fruchtschmuck bietet wieder die Mahonie. Als winterliches Grün belebt sie – zusammen mit dem Buchsbaum – die dann ansonsten kahle Hecke.

1. **Flieder *(Syringa vulgaris* 'Andenken an Ludwig Späth')**
2. **Buchsbaum *(Buxus sempervirens)***
3. **Ranunkelstrauch *(Kerria japonica* 'Pleniflora')**
4. **Flieder *(Syringa vulgaris* 'Madame Lemoine')**
5. **Spierstrauch, Spiräe *(Spiraea x vanhouttei)***
6. **Weigelie *(Weigela florida* 'Eva Rathke')**
7. **Mahonie *(Mahonia aquifolium)***
8. **Deutzie *(Deutzia x magnifica)***
9. **Kolkwitzie *(Kolkwitzia amabilis)***
10. **Spierstrauch, Spiräe *(Spiraea nipponica)***
11. **Zwiebelblumen als Unterpflanzung**

Lazy-Gehölze für frei wachsende Hecken

	Name	Blütezeit (Monate)	Höhe (m)	Bemerkungen
	Deutzie *(Deutzia × magnifica)*	6	2–3	Dass dieses Gehölz seinen ästhetischen Reiz hat, klingt in dem Namen Maiblumenstrauch an. Die breit elliptischen Blätter sitzen an bogenförmig aufwärts strebenden Zweigen.
	Forsythie, Goldglöckchen *(Forsythia × intermedia)*	3–4	2–3	Das klare Gelb der Blüten leuchtet allein schon deshalb so frisch in den Frühling, weil es nicht mit dem Grün der (erst später ans Licht tretenden) Blätter in Wettstreit treten muss.
	Ranunkelstrauch *(Kerria japonica* 'Pleniflora')	5–6	1,5–2	Die kleinen Wuschelköpfe der goldgelben Blüten begleiten einige Wochen lang den Frühling, manchmal in abgeschwächter Form den Herbst.
	Kolkwitzie *(Kolkwitzia amabilis)*	6	2–3	Die rosaweißen Blütentrauben, die den Strauch überschütten und einen zarten, süßlichen Duft verströmen, haben dem Gehölz auch den Namen Perlmuttstrauch eingetragen.
	Mahonie *(Mahonia aquifolium)*	4	1–1,5	Die dichten, goldgelben Blüten bringen im Herbst schwarze Beeren hervor. Die Blätter des immergrünen Strauchs haben eine glänzende Oberfläche.
	Spierstrauch, Spiräe *(Spiraea × vanhouttei)*	5–6	2–2,5	Wenn so eine Prachtspiere richtig loslegt, sieht ihre überbordende Blütenfülle wie verspäteter Neuschnee aus.
	Flieder *(Syringa vulgaris*-Hybriden)	5	3–4	Flieder selbst gibt der Farbe seiner Blüten den Namen, und auch sein Duft ist von solcher Individualität, dass er sich mit keinem anderen Begriff umschreiben lässt als mit: Flieder!
	Weigelie *(Weigela florida)*	5–6	1,5–3	Die trichterförmigen roten Blüten heißen den Frühsommer willkommen. Die Sorte 'Eva Rathke' blüht sogar bis in den August hinein.

Was eine frei wachsende Hecke braucht, ist vor allem Platz, und zwar möglichst viel davon. Sie bringt es im Laufe der Jahre auf zwei bis drei Meter Breite und kommt deshalb nur für geräumige Gärten in Frage. Es mag schon sein, dass sie sich auch in einem eher beengten Garten entfaltet, dann aber sind dessen räumliche Wirkung und Benutzbarkeit so gut wie dahin.

Ist genügend Platz vorhanden, sollte man die Hecke nicht einfach einreihig pflanzen. Ein viel lebendigeres Bild ergibt sich, wenn in die Lücke zwischen zwei Sträuchern, etwas nach vorne versetzt, ein weiterer, etwas kleinerer Strauch gepflanzt wird, so wie im Pflanzvorschlag zu sehen. Dadurch können Blühgruppen entstehen, und man vermeidet eintönige Steifheit.

Wichtig: Nicht zu dicht an den Zaun pflanzen, sonst hängen die Triebe bald über, und man muss sie alljährlich zurückstutzen – absolut nicht lazy! Ungeduldige Gärtner, die sich nach möglichst baldigem Sichtschutz sehnen, setzen billigen, aber raschwüchsigen Liguster vor und zwischen die erst allmählich aufwachsende Hecke und entfernen diesen später wieder, wenn die Strauchhecke Gestalt annimmt.

Blühende Hecken

wetteifern mit den Blumen um die Gunst des Betrachters. Das Pfund, mit dem sie reichlich wuchern: Wenn's losgeht, dann blüht es nicht im Dutzend, sondern hundert-, nein, tausendfach! Die Kehrseite der farbenfrohen Medaille: Das Vergnügen ist oftmals nur von kurzer Dauer.

In manchen Gegenden gibt es charakteristische Blütensträucher, die das Bild der Gärten prägen, weil sie Boden und Klima besonders gut angepasst sind. Zum Beispiel hat der Rhododendron, so gern man ihn inzwischen auch in süddeutsche Gefilde pflanzt, noch immer ein typisch norddeutsches Gesicht. Denn der moorig-saure Boden, den er braucht, kommt in Schleswig-Holstein und Niedersachsen von Natur aus häufig vor und muss andernorts erst durch entsprechende Bodenbearbeitung geschaffen werden.

Dagegen fühlen sich die im Pflanzvorschlag Seite 77 und in der Tabelle (Seite 78) genannten Arten fast überall wohl. Sie kommen mit dem vorhandenen Boden meist ohne große Vorbereitung zurecht und Lazy-Gärtnern damit sehr entgegen. Nur bei extrem schweren oder sandigen Böden ist eine anfängliche Bodenverbesserung angesagt (siehe Seite 106 f.).

TIPP

Wildrosen sind für Lazy-Hecken wie geschaffen, brauchen sie doch nur alle drei bis fünf Jahre ein wenig ausgelichtet zu werden. Die heimischen Arten Kartoffel-, Dünen- und Hundsrose zieren den Garten mit Blüten und Hagebutten, zudem sind sie als Nistplatz und Futterquelle eine Freude der Vogelwelt.

1. **Rhododendren** Prächtiges Blühen im Mai, immergrünes, attraktives Laub das ganze Jahr.
2. **Rosenhecke** bietet Sichtschutz und reiche Blüte, oft bis zum Herbst.
3. **Weigelien** Glöckchenförmige Blüten, je nach Sorte zartrosa bis tiefrot.

Kletterpflanzen bringen den Zaun zum Blühen

Clematis: verzaubert jeden Gartenzaun.

Kapuzinerkresse: Liebenswerte Blüten in warmen Farben, ideal für Halbschatten und Sonne.

Ein Zaun wird zur schönsten Hecke, sobald Kletterpflanzen die Chance bekommen, sein mehr oder minder attraktives Geflecht zu besiedeln. Dann erwecken sie den Eindruck einer dichten Blütenhecke, ohne auch nur annähernd so dick aufzutragen: Die Pflanzen ummanteln den Zaun zwar mit einem Blätter- und Blütenpelz, plustern ihn also etwas auf, aber um kaum mehr als 30 cm. Sollten sie mit ihren Trieben gar zu vorwitzig nach den Passanten fingern, greift der Gärtner zur Schere.

Zu unterscheiden sind **einjährige** und **ausdauernde** Kletterpflanzen. Zu den Erstgenannten, die im Folgejahr quasi von vorn anfangen, zählen Kapuzinerkresse, Feuerbohnen, Prunkwinden, Duftwicken und Zierkürbisse.

Ausdauernde Kletterpflanzen sind besonders lazy, da sie ohne jedes Zutun an den vorjährigen Ranken immer wieder neu austreiben und ihr flächendeckendes Werk zielstrebig fortsetzen. Zu diesen Unermüdlichen rechnen sich der Efeu – es macht übrigens Spaß, den Wandel der Blattkontur von der Jugend- zur Altersform zu beobachten –, die herrlich blühende Clematis und der Wilde Wein, der im Herbst in leuchtendem Rot aufflammt. Vor allem **Kletterrosen** beleben jeden zuvor noch so langweiligen Zaun.

Efeu: wintergrün und unverwüstlich.

Zäune, berankt mit Kletterpflanzen

Der Staketenzaun (oben) ist für sich allein schon durchaus vorzeigbar, wird aber mit einem Mantel aus einjährigen Kletterpflanzen noch sehenswerter. Am schönsten sieht er aus, wenn sich die drei Arten – Prunkwinde, Kapuzinerkresse und Feuerbohne – in ungezwungener Folge abwechseln. Sie verlangen lediglich ein schmales Pflanzbeet (etwa 30 cm breit) am Zaun entlang und werden in der ersten Maihälfte ausgesät. Die Feuerbohnen erfreuen sogar den Gaumen, liefern sie doch leckere Hülsenfrüchte.

Für den Maschendrahtzaun (unten) kommen außer der Kletterrose, dem Efeu und Wildem Wein auch Wildformen der Waldrebe (Clematis), Geißblatt und Hopfen in Frage. Der gezeigte Zaun ist etwa 1 m hoch. Als echter Sichtschutz taugt er erst bei ungefähr doppelter Höhe. Sollte der Zaun niedriger sein als 1 m, empfiehlt sich für die Rose ein obenauf zusätzlich gespannter Draht als Kletterhilfe.

Oben: Staketenzaun, berankt mit einjährigen Kletterpflanzen

1. **Prunkwinde *(Ipomoea purpurea)***
2. **Kapuzinerkresse *(Tropaeolum majus)***
3. **Feuerbohne *(Phaseolus coccineus)***
4. **Sommerblumen (Ringelblumen, Tagetes und Mutterkraut) als Unterpflanzung**

Unten: Ausdauernde Kletterpflanzen am Maschendrahtzaun

5. **Kletterrose 'Maria Lisa'**
6. **Efeu *(Hedera helix)***
7. **Wilder Wein *(Parthenocissus quinquefolia)***

Wasser im Garten

Im Teich geht es zu wie bei Mutter Natur

Wasser belebt jeden Garten, ob im formalen Becken oder als naturnaher Folienteich.

Der Anblick von Wasser übt auf den Menschen von jeher eine geradezu magische Faszination und Anziehungskraft aus. Am Wasser können wir uns entspannen, hier finden wir einen ruhenden Gegenpol zum Trubel des Alltags. Die schönste Form des Wassers im Garten ist ein Teich. Schon nach erstaunlich kurzer Zeit wirkt so ein von Menschenhand geschaffenes Gewässer, als habe es die Natur selbst angelegt: Kaum ist das Wasser eingelassen, benutzen es Vögel zum Baden und als Tränke, auch die farbenprächtigen Libellen lassen sich nicht lange bitten. Wenn sich dann noch Wolken und Blumen im Wasser spiegeln, bietet ein Gartenteich die pure Erholung.

Am Gartenteich tut sich immer etwas. Und der Gärtner? Der tut (fast) nichts.

Ist ein Gartenteich erst einmal angelegt, dann geht alles wie von selbst. Die wenigen Arbeiten lassen sich mit links erledigen, zumal es jeweils höchstens einmal im Jahr etwas zu tun gibt.

Ein Teich ist immer so etwas wie der Star des Gartens, und der verlangt Beachtung. Die ist dem Gartenteich sicher, wenn er gleich bei der Terrasse oder am Sitzplatz liegt. Weil die meisten Wasserpflanzen – vor allem Seerosen – sehr viel Licht brauchen, gebührt dem Teich ein Platz an der Sonne. Im Idealfall findet sich aber eine Stelle, die über Mittag wiederum beschattet ist. Das gilt besonders für flache Teiche, die sich in ganztägig voller Sonne zu sehr erwärmen würden, was vermehrte Algenbildung und übermäßige Verdunstung zur Folge hätte. Und ständig Wasser nachfüllen zu müssen, wäre alles andere als lazy.

Da die meisten Bäume von Natur aus ihre Blätter fallen lassen, ist deren unmittelbare Nachbarschaft keine gute Adresse für den Gartenteich. Wer fischt schon gern das Herbstlaub aus dem Wasser? Doch daran führt leider kein Weg vorbei, wenn es nicht zu Fäulnis kommen soll, außer man spannt rechtzeitig im Herbst ein Laubschutznetz.

Hier wird's nie langweilig:
Am Wasser ist für jung und alt
immer etwas geboten.

Ein Gartenteich macht wenig Arbeit und viel Freude

Den größten Spielraum

für die Fantasie bietet der **Folienteich**. Er verdankt seinen Namen jener Teichfolie, mit der sich ein Gartengewässer naturnah gestalten lässt. Ihm sind – außer vom Platz her – kaum Grenzen gesetzt. Wer mit der Anlage des Teichs nicht eine Firma (zu finden im Branchenbuch, Stichwort: »Garten- und Landschaftsbau«) beauftragen, sondern eigenhändig ans Werk gehen will, tut das schrittweise nach folgendem Rezept:

- Gewünschten Teichgrundriss mit Schnur, Sand oder Sägemehl auslegen.
- Beim Aushub daran denken, dass die Wasserpflanzen verschiedene Tiefenzonen brauchen, deshalb Abstufungen von mindestens 20 cm vorsehen.
- Tiefste Stelle mindestens 80–100 cm, damit Fische und andere Tiere sowie die Seerosen frostfrei überwintern können.
- Möglichst große Flachwasserzone vorsehen (kein Steilufer!), denn in Flachzonen erwärmt sich das Wasser schneller, und Tiere können den Teich an solchen Stellen wieder verlassen.
- Nach dem Aushub alle scharfkantigen Gegenstände (Steine, Wurzeln etc.) entfernen, denn diese könnten sonst die Teichfolie beschädigen.
- Teichgrund und Ränder feststampfen bzw. mit einer Schaufel festklopfen. Seitenwände sollen nicht steiler als 45° sein, damit die Erde nicht abrutscht.
- Mit Latte und Wasserwaage prüfen, ob der Teichrand rundherum auf einer Höhe liegt, also exakt auf den späteren Wasserspiegel abgestimmt ist.
- Damit die Folie gleichmäßig aufliegt und vor Beschädigung geschützt ist, eine 5–10 cm starke Sandschicht bzw. eine Vliesmatte aufbringen (am besten beides) und damit zugleich kleine Unebenheiten ausgleichen.
- Bei Verwendung mehrerer Folienbahnen müssen diese sorgfältig miteinander verschweißt sein (vom Lieferanten ausführen lassen).
- Darauf achten, dass angrenzendes Erdreich (Rasen) kein Wasser aufsaugt, sondern Folienrand nach oben überstehen lassen.

- Ränder nicht mit Platten abdecken, denn ein natürlicher Eindruck ergibt sich am besten dann, wenn der Teichrand sanft in den Garten übergeht.
- Ein Teichrand aus verschieden großen Kieselsteinen – vielleicht zusammen mit Findlingen – bewirkt einen naturnahen Übergang vom Wasser zum Garten.
- Teich mit Wasser zu etwa zwei Dritteln füllen. Dabei auf »Brause« eingestellten Gartenschlauch verwenden, damit das Wasser mit Sauerstoff angereichert wird.
- Nach einigen Tagen die Wasserpflanzen einsetzen, am besten in Pflanzkörben aus Kunststoff-Gitter oder Kokosfasern.
- Nun heißt es nur noch zuschauen, sich freuen und den eigenen Gartenteich genießen.

1. **Ein Steg schafft Nähe** Von dort aus lässt das Treiben im Teich gut beobachten.

2. **Goldfelberich** Eine echte Lazy-Pflanze für die Wassernähe. Sie stellt keinerlei Ansprüche und setzt mit ihrem sonnigen Gelb einen sommerlichen Akzent.

3. **Ein formaler Teich** passt gut zu architektonischen Gärten. Die weichen Formen des Frauenmantels (rechts) umspielen die Beckenkanten.

Auf die Plätze, fertig, Teich!

Wer es sich ganz einfach macht,

kauft einen Fertigteich, also ein vorfabriziertes Becken aus Kunststoff. Solche Plastikwannen sind in verschiedenen Größen, Formen und Tiefen im Handel erhältlich und verlangen lediglich beim Einbau ins Erdreich eine gewisse Aufmerksamkeit.

Vorsic
Wasser zieht Kleinkin
magisch a

An die Wassertiefe stellen die einzelnen Pflanzen – vor allem Seerosen – ganz unterschiedliche Ansprüche. Deshalb haben **Fertigteiche** von vornherein eine abgestufte Form, mit der sich eine Staffelung der Wassertiefe ergibt – vom flachen Ufersaum bis zur Tiefwasserzone, und das alles auf engstem Raum.

Ein Nachteil von Fertigteichen soll nicht verschwiegen werden: Form und Tiefe sind endgültig vorgegeben, die Gestaltungsmöglichkeiten daher von vornherein beschränkt. Was den praktischen Umgang mit einem Fertigteich anbelangt, brauchen wir hier nicht allzu sehr ins Detail zu gehen, weil die Produkte in aller Regel mit einer ausführlichen Anleitung geliefert werden.

Allerdings sind bei der Vorbereitung des Bodens ein paar entscheidende Kleinigkeiten zu beachten, die im Kasten (rechts) erläutert werden.

TIPP

Der Untergrund des Fertigteichs muss fest sein und darf nirgends nachgeben. Dann mit Latte und Wasserwaage das Niveau prüfen, damit später das Wasser rundum mit dem Beckenrand abschließt und nicht etwa ausläuft. Wenn das Gelände hängig ist, muss ein entsprechender Ausgleich geschaffen werden. Auf dem Foto erkennbar: eine schmale, flache Uferzone und eine tiefe Stelle für Seerosen.

Manche Fertigteiche sind aus Elementen zusammengesetzt.

Sind kleine Kinder in der Nähe, muss die Sicherheit ganz groß geschrieben werden!

Sobald der Nachwuchs krabbeln kann, fühlt er sich von Wasser geradezu magisch angezogen. Die Tragik besteht darin, dass zum Ertrinken buchstäblich schon eine Pfütze ausreicht. Deshalb gilt:

- Fertigteich trocken legen und zum Sandkasten umfunktionieren, solange die Kinder klein sind. Sollte das nicht möglich sein, Teich mit Brettern abdecken.
- Folienteich mit einem einfachen Zaun umgeben, der zwar aus ästhetischen Gründen unauffällig sein, aber den Zutritt zum Wasser zuverlässig verwehren sollte.

Im Handel erhältliche Schutznetze sind meist nicht stabil genug, um die Kinder abzuhalten, außerdem können sie sich darin verfangen.

Lazy-Pflanzen im und am Wasser

Name	Kriechender Günsel *(Ajuga reptans* 'Atropurpurea')	Montbretie *(Crocosmia × crocosmiiflora)*	Tannenwedel *(Hippuris vulgaris)*	Hasenglöckchen *(Hyacinthoides hispanica)*	Sibirische Wieseniris *(Iris sibirica)*	Fackellilie *(Kniphofia*-Hybriden)	Pfennigkraut *(Lysimachia nummularia)*
Blütezeit	4–5	7–9	5–7	5	5–6	7–9	6–7
Höhe (cm)	5–10	60–120	20–40	20–30	80–100	80–120	5–10
Bemerkungen	Die bis zu 30 cm langen Ausläufer suchen sich oberirdisch ihren Weg und verfügen bereits über Blätter. Das macht die Pflanze zum erstklassigen Bodendecker.	In ihrem Wuchs erinnert sie an Schwertlilien, die ährenartigen, gebogenen Blütenstände tragen bis zu zwanzig orangerote Einzelblüten.	Vor allem dann kommt die Pflanze mit dem bildlichen Namen zur Wirkung, wenn sie gleich in einer größeren Ansammlung auftreten darf.	Die auch als Spanisches Hasenglöckchen bekannte Pflanze gehört zu den Zwiebelgewächsen und bildet Blüten aus, die wie hängende Glocken wirken.	Die äußerst attraktiven Blüten leuchten je nach Sorte hell- bis tiefblau, aber auch weinrot oder weiß und sind fein geadert. Sehr elegant wirkt das schilfartige Laub.	Es ergibt sich wirklich die Illusion, als habe man es mit gelb, gelbrot oder rot flammenden Fackeln zu tun. Auch der Name Feuerpfeil trifft ins Rote.	Ein geradezu unverwüstlicher Zeitgenosse, mit seinen Ausläufern stets auf Wanderschaft, zudem mit intensiv gelb leuchtenden Blüten gesegnet.

Name	Blutweiderich *(Lythrum salicaria)*	Riesen-Pfeifengras *(Molinia arundinacea)*	Seerose *(Nymphaea*-Hybriden)	Lampenputzergras *(Pennisetum alopecuroides)*	Etagenprimel *(Primula*-Bullesiana-Hybriden)	Trollblume *(Trollius*-Hybriden)	Zwerg-Rohrkolben *(Typha minima)*
Blütezeit	7–8	8–10	6–9	8–9	6–7	5–6	5–9
Höhe (cm)	60–120	150–180	–	60–80	40–60	50–80	40–60
Bemerkungen	Die purpurrot leuchtenden Blüten bilden so genannte Scheinähren. Die Pflanze samt sich selbst aus, nimmt es aber nicht übel, durch Rückschnitt gezügelt zu werden.	Die grazilen, hochstrebenden Halme färben sich mitsamt dem Blatthorst im Herbst goldgelb. Die Blütenstände stehen straff aufrecht, die Enden hängen elegant über – ein Genuss fürs Auge.	Die Zahl der Sorten mit Blütenfarben von Weiß über Gelb, Rosa, Rot, bis hin zu Kupfer ist einfach nicht mehr zu ermessen.	Über schmalen graugrünen Blättern wirken die an Lampenputzer erinnernden Blütenähren mit ihrem rosa Schimmer fast schwerelos.	Tatsächlich sieht es so aus, als habe jemand eine Hand voll Primelblüten quirlig zusammengebunden und ihnen einen langen »Hals« wachsen lassen.	Die fast ideal kugelförmigen Blüten strahlen in selbstbewusstem Gelb und kündigen schon weithin sichtbar an: Hier ist es nass.	Es handelt sich um den kleinsten Vertreter seiner Art. Zusätzliches Merkmal ist die eher rundliche Form seiner Kolben.

Gartenteich mit Randbepflanzung

1. Kaukasus-Vergissmeinnicht ***(Brunnera macrophylla)***
2. Pfennigkraut ***(Lysimachia nummularia)***
3. Hasenglöckchen ***(Hyacinthoides hispanica)***
4. Schildblatt ***(Peltiphyllum peltatum)***
5. Montbretie ***(Crocosmia* x *crocosmiiflora)***
6. Zwerg-Rohrkolben ***(Typha minima)***
7. Riesen-Pfeifengras ***(Molinia arundinacea)***
8. Schlitzahorn ***(Acer palmatum* 'Dissectum')**
9. Gauklerblume ***(Mimulus luteus)***
10. Günsel ***(Ajuga reptans* 'Atropurpurea')**
11. Fackellilie **(*Kniphofia*-Hybride)**
12. Lampenputzergras ***(Pennisetum alopecuroides)***
13. Geschlitztblättriger Essigbaum ***(Rhus typhina* 'Laciniata')**
14. Blutweiderich ***(Lythrum salicaria)***
15. Sibirische Wieseniris ***(Iris sibirica)***
16. Etagenprimel **(*Primula*-Bullesiana-Hybriden)**
17. Tannenwedel ***(Hippuris vulgaris)***
18. Pfeilkraut ***(Sagittaria sagittifolia)***
19. Seerose **(*Nymphaea*-Hybride)**

Die hier versammelten Stauden passen ihrem Charakter nach besonders gut zum Wasser, zum Beispiel Sibirische Wieseniris, Fackellilien und Montbretien mit ihren schilfähnlichen, schmalen Blättern. Auch die anderen Stauden – Kaukasus-Vergissmeinnicht, Blutweiderich, Etagenprimeln, Gauklerblume – sehnen sich nach Wassernähe, wollen aber keine nassen Füße bekommen. Verschiedene Gräser beleben das Bild mit ihren attraktiven Blütenähren und bilden vor allem im Spätsommer und Herbst eine interessante Kulisse.

Der Geschlitztblättrige Essigbaum und der Schlitzahorn, zwei attraktive Gestalten, ziehen die Blicke auf sich, bleiben zeitlebens klein und geben der Pflanzung Halt. Kieselsteine verschiedener Größe unterstützen die einem Gewässer in freier Natur abgelauschte Atmosphäre. Einzelne besonders große Steine beleben das Bild. Ein Liegestuhl macht das Glück vom »kleinen Urlaub daheim« komplett.

Bühne für die Primadonna

Die Seerose steht im Mittelpunkt unserer Teichbepflanzung: Den makellos weißen Blütenschalen der auch in unseren heimischen Gewässern vorkommenden Weißen Seerose ist die Aufmerksamkeit des Betrachters sicher. Doch ebenso haben die mit Rosa, Rot und Gelb spielenden Zuchtsorten ihre Reize.

Es sollte nicht mehr als ein Drittel der Wasserfläche im Teich von Pflanzen bedeckt sein, denn das Thema Wasser sollte nicht von Pflanzen überwuchert werden. Sonst könnte man ja gleich eine Rasenfläche anlegen, auch die ist flächig grün.

Für den flachen Uferrand, also eine Wassertiefe von 5–10 cm, sind Tannenwedel, Pfeilkraut, Sumpfvergissmeinnicht und Zwerg-Rohrkolben vorgesehen. Ebenso wie die Seerose pflanzt man auch diese Arten in Gefäße, damit sie sich mit dem ihnen zugedachten Platz bescheiden und nicht im buchstäblichen Sinne ausufern.

Die Pflanzen um den Teich herum gedeihen dagegen in ganz normalem Gartenboden: Es sind dies die Fackellilien mit ihren feurigen, in die Höhe schnellenden Blütenpfeilen, der Blutweiderich und die Sibirische Wieseniris – allesamt Arten, die sich in Wassernähe von Natur aus pudelwohl fühlen. Einmal gepflanzt, beschränkt sich die spätere Pflege echt lazy auf ein Minimum.

Ganz vorn links in der Zeichnung ist das Schildblatt mit seinen attraktiven schildförmigen Blättern zu sehen, daneben zeigen sich im Frühjahr Hasenglöckchen in Blau, Rosa oder Weiß. Die duftigen Etagenprimeln bezaubern ab Frühsommer – inmitten von locker um den Teichrand gelegten grauweißen Kieselsteinen – mit gelben, rosa, roten und lila Pastelltönen. Mannshohes Riesen-Pfeifengras und Lampenputzergras beleben die Situation im Herbst.

Montbretien mit eleganten gladiolenförmigen Blüten und links anschließend Bergenien in den Sorten 'Silberlicht' und 'Morgenröte' (in der Grafik nicht mehr sichtbar) beleben das Ufer, das den Etagenprimeln gegenüber liegt.

All diese hohen und halbhohen Pflanzen erheben sich über die flächig verwendeten Bodendecker, die den Gedanken an das verständlicherweise verpönte Unkraut-Jäten gar nicht erst aufkommen lassen. Zu ihnen gehören das Pfennigkraut mit seinen gelben Blüten und hellgrünen Blättern und der Günsel in seiner hübschen Form mit den rotbraunen Blättern.

Die Pflege des Teichs ist kaum der Rede wert. Sie beschränkt sich darauf, ab und zu mit dem Rechen oder Kescher überhand nehmende Algen zu entfernen und im Herbst das ins Wasser gefallene Laub abzufischen. Letzteres kann man sich sparen, wenn man rechtzeitig im Herbst ein Laubschutznetz über die Wasserfläche spannt.

Die Teichränder sollte man nicht schon im Herbst, sondern erst im Frühjahr reinigen, damit den Insekten dieses wertvolle Winterquartier erhalten bleibt. Gleiches gilt für die Wasserpflanzen. Sie werden ebenfalls erst im Frühjahr abgeschnitten – auch aus optischen Gründen: So gibt's im Winter etwas zu sehen. Ein Bündel Stroh, ins Becken gestellt, oder ein Eisfreihalter (aus dem Fachhandel) verhindern ein völliges Zufrieren des Teichs und sorgen für einen natürlichen Sauerstoffaustausch.

Eingefasst mit Pflanzen und Kieselsteinen, wirkt ein Bachlauf wie in freier Natur.

Seerosen, Hechtkraut, Zwerg-Rohrkolben – viele Arten wachsen selbst im Mini-Teich.

Plätschernder Bach und ganz kleine Teiche

Ein i-Tüpfelchen spezieller Art ist ein idyllischer kleiner Bachlauf, und zwar erst recht, wenn er in den Teich mündet. Er bringt das quirlige, lebendige Moment des Wassers in den Garten – im Unterschied zur Beschaulichkeit eines Teichs.

- Ein Bach wirkt wie von der Natur geschaffen, wenn er in seiner Tiefe und Breite variiert.
- Als Material zum Abdichten eignet sich wiederum Teichfolie. Sie bietet die größte Gestaltungsvielfalt.
- Im Handel gibt's aber auch vorgeformte Fertigteile, die man zu einem Bachlauf kombinieren kann.
- Auf geringes Gefälle achten, damit das Wasser nur sanft in Bewegung gerät.
- Mehrere Staustufen lassen Wasserfälle und kleine Teiche entstehen. Darin kann das Wasser unterwegs stehen bleiben, solange die Pumpe nicht in Betrieb ist.
- Rand des Bachlaufs mit Flusskieseln verschiedener Größe auslegen, dazwischen hier und da bepflanzen. Eine zusammenhängende Bepflanzung würde zu einförmig aussehen.
- Angetrieben wird der Bachlauf von einer Pumpe, die den Höhenunterschied zwischen Teich und »Quelle« bewältigen muss. Lassen Sie sich im Garten-Center beraten. Wer eine wartungsfreie, frostsichere Pumpe wählt, darf das Gerät im Teich ein für alle Mal »vergessen«.
- Auf Rohrkolben und Wasserminze besser verzichten: Sie bilden zahlreiche Ausläufer, erfordern also Pflege und sind absolut nicht lazy.

Ein Mini-Teich hat überall Platz. Er fällt zwar ziemlich kompakt aus, verfügt aber – quasi als Bonsai unter den Teichen – über wesentliche Merkmale des ausgewachsenen Vorbildes.

Ob Holzfass, Keramik- oder Kunststoff-Kübel: Ein wasserdichtes Pflanzgefäß genügt, damit sich ein Gartenteich selbst auf der Terrasse oder dem Balkon realisieren lässt. Es gibt Zwerg-Seerosen, die – im Gegensatz zu ihren großen Schwestern – mit dieser geringen Wassertiefe zufrieden sind. Weitere empfehlenswerte Arten sind Froschlöffel, Tannenwedel und Zwerg-Rohrkolben. Mit dem noch knapperem Raum in einer Pflanzschale kommt der Wassersalat gut zurecht.

► Attraktiv, aber aufwändig. Eine steinerne Treppe mit scharfkantigen Stufen. Das Besondere an so einer Kaskade ist die Eleganz, mit der das Wasser als hauchzarte, gläsern wirkende Folie treppab strebt. So artifiziell die Anlage wirkt, so reizvoll ist der Kontrast mit den naturbelassenen Steinen. Am besten macht sich – so wie es hier zu sehen ist – gleich eine ganze Gruppe mit Exemplaren verschiedener Größe.

▲ Fast wie im richtigenLeben
Manchmal steht einem das Wasser bis zum Hals. Das gilt auch für diesen künstlichen Zeitgenossen, der aus der Not eine Tugend macht und seine Mitwelt im Garten damit amüsiert: Er spitzt das Mündchen, um einer Nebenbeschäftigung als Springbrunnen nachzugehen. Eine unterhalb eingebaute Umwälzpumpe hilft ihm dabei.

◄ Ein Hauch von Exotik
Fernöstliches ist keine kurzatmige Mode, sondern ein beständiger Trend, und zwar längst auch in unseren Gärten. Die Brunnenschale ruht in einem Würfel, dessen stilvolle Zurückhaltung wunderbar in das Zen-Ambiente passt. Das Wasser bahnt sich seinen Weg durch ein Bambusrohr. Einen weiteren Hinweis auf Japan gibt der im Herbst feurig rot leuchtende Fächerahorn.

◄ Mit grimmigem Blick. Brunnenwesen haben seit Menschengedenken die Fantasie angeregt und können so gut wie jede Gestalt annehmen – am liebsten natürlich solche, die Assoziationen ans Wasser wecken. Ob Fabeltier, friedfertiger Fisch, zierliche Nixe oder mit Dreizack bewehrter Neptun: Figuren aus Naturstein, Beton oder Keramik machen das Sprudeln des Wassers zur Attraktion.

TIPP

Wer zählt die Brunnen, nennt die Namen? Es gibt Springbrunnen im Barockstil, Mühlsteinbrunnen, aus deren Mitte das Wasser sprudelt, Findlingsbrunnen mit einer Bohrung, die als Wasserader dient, Quelltröge, deren Überlaufen für den Wasserfluss sorgt, ...

Gemüse und Obst

Die Liebe zum Garten geht auch durch den Magen

Ein Hochbeet – ideal für kleine Flächen und ausgesprochen lazy.

Ganz frisch aus eigener Ernte

schmeckt's nun mal am besten. Klar, Obst, Gemüse und Kräuter gibt es im Laden zu kaufen – meist sogar das ganze Jahr hindurch. Aber was ist so ein weit gereister Fertigapfel aus dem Supermarkt im Vergleich zu einer pausbäckigen Gartenfrucht, die man mit eigenen Augen wachsen und reifen sah?

Was in dem eher spröden Begriff »Nutzgarten« nicht anklingt, ist ein beachtlicher Spaßfaktor: Überall tut sich was. Radieschen zum Beispiel legen ein staunenswertes Tempo vor, sprießen Tag für Tag und sind schon nach etwa fünf Wochen erntereif. Wo sonst gibt es die Chance, Wachstum so »live« zu beobachten?

Der eigene Garten bietet die einzigartige Möglichkeit, Obst, Gemüse und Kräuter ganz nach Gusto und Vorliebe heranzuziehen. Außerdem weiß man hier genau, was man isst – im Gegensatz zu gekaufter Ware. Wer bei der Wahl der Sorten außerdem darauf achtet, dass Pflanzenkrankheiten und Schädlinge gar nicht erst zum Problem werden können, braucht die Ernte nicht mit ungebetenen Gästen zu teilen.

Die von uns empfohlenen Apfelsorten zum Beispiel sind resistent gegen den Schorfpilz. Und selbst wenn sich vereinzelt ein paar Maden in den Möhren zeigen oder Salatblätter angefault sein sollten: keine Panik! Dann wirft man die befallenen Teile eben auf den Kompost oder schneidet die Stellen heraus. Jedenfalls noch lange kein Grund, zur Chemie zu greifen.

Da staunt der Knirps: Die Tomaten wachsen fast in den Mund.

Da lacht das Gärtnerherz: Nur das Lieblingsobst und -gemüse kommt aufs Beet.

Wer den Beeten einen sonnigen, luftigen Platz einräumt, schafft von Anfang an die Grundlagen für eine gesunde Entwicklung der Pflanzen. Bestes Wachstum ergibt sich auch durch vernünftige Düngung: Die Pflanzen sollen nicht verhungern, aber auch nicht überfüttert werden. Übermäßige Düngung – zum Beispiel mit zu viel Stickstoff – lässt sie ins Kraut schießen, verweichlicht die Triebe und macht sie anfällig für Krankheiten. Aber das kann im eigenen Garten gar nicht erst zum Problem werden, denn hier entscheiden wir selbst, was wir tun.

Gemüse und Kräuter schmeicheln nicht nur dem Gaumen, sondern auch dem Auge: Dill, Fenchel, Salbei und Borretsch zum Beispiel sehen fast so hübsch, abwechslungsreich und farbenfroh aus wie Zierblumen und brauchen sich wirklich nicht zu verstecken. Gleiches gilt für vielerlei Salate mit ihren verschiedenen Blattformen und -farben – sowie für Rhabarber oder Mangold mit ihren roten Stielen und tropisch üppigen Blättern.

Gemüsegarten anlegen

Ein klein wenig Arbeit bringt ein Gemüsegarten schon mit sich, ganz und gar lazy geht's leider nicht. Aber unser Vorschlag ist so ausgelegt, dass er ziemlich wenig Mühe macht, diese aber mit reichlich Ertrag und Wohlgeschmack belohnt. Allein schon die knappen Maße (ca. 5 x 2 m) begrenzen den Aufwand.

Er soll den Appetit anregen, unser Vorschlag für das Gemüsebeet, in zweifacher Hinsicht: Was hier wächst, ist gesund und aromatisch, und viel mehr als eine »Schnupperecke« kann dieses Gemüsegärtchen nicht sein; die kleine Fläche liefert von allem ein paar Kostproben. Die einzelnen Rasterelemente lassen sich aber nach Anzahl und Länge beliebig vermehren, sobald der Gärtner auf den Geschmack gekommen ist. Wer weiß, vielleicht muss der angrenzende Rasen schon im nächsten Jahr weiteren Salatköpfen weichen?

Den grünen Hintergrund bilden einige Beerensträucher, in unserem Fall Johannis- und Stachelbeeren. Besonders lazy: Statt der Sträucher kann man Stämmchen pflanzen, die zwar etwas weniger tragen, sich aber ganz bequem im Vorbeigehen ernten lassen – ideal für Naschkatzen.

TIPP

Zucchini sind sehr robust und können entweder schon als kleine, etwa 10–15 cm lange Früchte geerntet werden, dann sind sie ganz zart, die Pflanzen treiben noch mal nach, bringen also immer wieder eine Ernte hervor. Oder aber als große, schwere, ausgereifte Früchte, die sich gut zum Füllen eignen oder – in Scheiben geschnitten – zum Braten und Panieren.

1. **Ernte – ein Kinderspiel**
   Die Guten ins Töpfchen...
2. **Salat**
   Fast das ganze Jahr Frische aus dem eigenen Garten.
3. **Mischkultur**
   Abwechslungsreich und ein Genuss fürs Auge.

Kleines Beet mit Gemüse, Obst und Kräutern

Vorn wird das Gemüsegärtchen von einer Reihe Monatserdbeeren begrenzt, die besonders bei Kindern beliebt sind, vom Frühsommer bis zum Herbst kleine, süße Früchte hervorbringen und kaum Pflege brauchen. Die Tomaten wollen dagegen ein wenig Beachtung: Den nach oben strebenden Mitteltrieb gelegentlich am Pfahl festbinden und die in den Blattachseln entstehenden Triebe mit den Fingern auskneifen. Andernfalls schießen die Pflanzen zu sehr ins Kraut, die Früchte bleiben blass und brauchen zu lange, um zu erröten.

Zur Trennung der Beete dienen Roste, die man leicht aus Dachlatten zusammenzimmern kann. So kann man bei jedem Wetter trockenen Fußes ernten. Praktisch: Schnecken sammeln sich unter den Latten und können dort abgelesen werden.

1. **Gewürzkräuter (Schnittlauch, Oregano, Dill, Borretsch, Salbei)**
2. **Weiße Johannisbeere**
3. **Rote Johannisbeere**
4. **Stachelbeere**
5. **Monatserdbeeren**
6. **Möhren**
7. **Radieschen**
8. **Kopfsalat**
9. **Buschbohnen**
10. **Spinat**
11. **Zucchini**
12. **Rhabarber**
13. **Pflücksalat (verschiedene Sorten)**
14. **Tomaten**

Hier haben Sie den Salat!

Die erste Geige in unserem Gemüsebeet spielt der Salat: Feldsalat, Kopfsalat, Römischer Salat, Eissalat, Endivie, Radicchio, Zuckerhut. Letzterer hat Biss, ist knackig und kann sogar noch zu Weihnachten geerntet werden. Echt lazy: Pflücksalat. Er wächst in die Höhe und bringt laufend erntefrische Blätter hervor.

Zarte Möhren direkt aus dem Beet, aus dem Boden gezogen, kurz unters Wasser gehalten und dann gleich in den Mund gesteckt, sind ein köstlicher Genuss. Sie können – ebenso wie Beerenobst – roh gegessen werden. Möhren werden im Frühjahr gesät und ab Juli geerntet – viele Wochen lang bis in den Herbst hinein. Man bedient sich immer wieder ganz nach Bedarf.

Wer ab Herbst frische Möhren zur Hand haben möchte, sät im Juli ein zweites Mal aus. Radieschen nehmen die Plätze zwischen den Reihen ein und sind bereits erntereif, bevor sich ihre Beetnachbarn breit machen. Buschbohnen werden nach Mitte Mai und nochmals Anfang Juli gesät, um über viele Wochen hinweg frische, zarte Hülsen zu liefern. Von Zucchini genügen zwei Pflanzen: Sie tragen so reich, dass man ohnehin einen Teil der Ernte verschenken wird.

Gemüsegarten im Mini-Format: Paprika und Salate fühlen sich auch in Töpfen wohl.

Im Topf lassen sich Tomaten warm und regengeschützt ziehen.

In Töpfen können einige Gemüsearten gezogen werden, sofern der Platz auf den Beeten nicht reicht. Mit diesem Trick verwandelt sich selbst eine Terrasse oder ein Balkon in einen Gemüsegarten. Als Gefäße eignen sich alle möglichen Behälter mit einem Fassungsvermögen von etwa 20 Litern – ob aus Ton, Blech, Plastik oder Holz.

Für diese Art der Kultur eignen sich Arten, die in die Höhe streben, vorrangig Tomaten, aber auch Paprika. Topfkultur macht das Gemüse mobil: Tomaten und Paprika können immer genau dort stehen, wo es schön sonnig, warm und trocken, aber luftig ist. Denn Feuchtigkeit begünstigt Fäule. Von neuen Tomatensorten wird zwar behauptet, dass sie dagegen resistent sind – aber sicher ist sicher. Total lazy klappt's leider nicht: Tomaten und Paprika sind durstig. Also bitte reichlich gießen, und zwar so, dass nur die Erde feucht wird, nicht die Blätter.

Für Küchenkräuter ideal: Ein Platz in der Sonne.

In den Kräutern

liegt die Würze. Zu unterscheiden ist zwischen einjährigen und ausdauernden Arten. Die Einjährigen müssen – sofern sie sich nicht selbst aussamen – in jeder Saison aufs Neue gesät werden, die Ausdauernden kauft man nur ein einziges Mal auf dem Markt oder im Garten-Center. Sie verharren »ewig« an ihrem Platz.

Schöne Grüße vom Mittelmeer:

Die meisten Kräuterarten stammen aus dem mediterranen Raum. Sie lieben die pralle Sonne und entfalten ihr Aroma am besten auf einem mageren und durchlässigen Boden. Petersilie, Schnittlauch, Dill und Basilikum wollen zwar ebenfalls Sonne, bevorzugen aber einen humusreichen Gartenboden.

Schnittlauch

Salbei

Dill

Borretsch

Einjährige: Petersilie ist das wohl meistgebrauchte Gewürzkraut in der Küche. Besonders günstig ist eine Aussaat im Juli/August. Dann erfolgt die Keimung rasch, und man hat bis zum Herbst kräftige Pflänzchen. Diese überwintern, sodass es bereits ab Frühjahr frische Petersilie gibt. Wichtig: Petersilie will jedes Jahr woanders stehen.

Dill sät man am besten breitwürfig aus, weil er dann besser gedeiht als in Reihen. Einmal im Garten, samt er sich von selbst aus, immer wieder. Gleiches gilt für Bohnenkraut und Borretsch – alles echt lazy.

Mehrjährige: Schnittlauch gehört ins Standardrepertoire der Küche und wächst in jedem Garten ohne besonderes Zutun. Zitronenmelisse duftet, wie es der Name verspricht. Thymian wächst niedrig und flächig, eignet sich deshalb gut für Beetränder. Den frostempfindlichen Rosmarin am besten im Topf kultivieren, dann kann er im Haus überwintern. Salbei stammt auch aus sonnenverwöhnten Gefilden, trotzt aber dem Winter.

Auf magerem Boden entfalten die meisten Kräuter ihr Aroma am besten.

TIPP

Basilikum hat Sehnsucht nach Italien und zeigt das mit seinem Bedürfnis nach Wärme. Aber auch feucht und kräftig soll der Boden sein, das Plätzchen zudem windgeschützt. Um es dem Basilienkraut rundherum recht machen zu können, zieht man es in Töpfen auf der Terrasse.

Aromatisches Obst für Leute mit Geschmack

Bequem zu ernten und zu pflegen: derselbe Spindelbusch in Blüte und mit Früchten.

Erste Wahl sind natürlich jene Sorten, die sich gegen Krankheiten widerstandsfähig zeigen: alte Sorten – zum Beispiel 'Prinz Albrecht von Preußen' oder 'Grahams Jubiläumsapfel' –, aber auch eine Anzahl resistenter Neuzüchtungen. Im Herbst reifen zum Beispiel 'Priam' und 'Reglindis', als Spätsorten eignen sich 'Florina', 'Pilot', 'Resi' und 'Rewena'.

Außer diesen »Liliputanern« sollte auch der eine oder andere **Hochstamm** in den Garten Einzug halten, in kleineren Gärten Pflaumen, sonst vor allem Apfel und Birne. Deren Blüte kann es mit jedem Ziergehölz aufnehmen, auch der Fruchtbehang ist attraktiv. Schnee und Raureif auf den Zweigen geben dem Garten im Winter einen malerischen Akzent.

Die Zwerge unter den Obstbäumen,

Spindelbüsche genannt, werden zeitlebens nicht größer als ungefähr zweieinhalb Meter. Sie sind für Leute bestimmt, die beim Ernten ganz lazy bleiben und nicht auf eine hohe Leiter steigen wollen. Wie einst im Schlaraffenland: Pralle Früchte wachsen dem Gärtner in den Mund. **Spindelbüsche** – angeboten werden verschiedene Sorten von Äpfeln und Birnen – kommen mit wenig Platz aus; ein Abstand von zwei Metern genügt.

Keine Sorge: Meist gibt es auch ohne Schnitt ab dem zweiten Jahr eine Ernte. Allerdings lässt sich nicht leugnen, dass jedes Obstgehölz mit den Jahren vergreist, sofern die Äste nicht ab und an eine Baumschere zu spüren bekommen.

Apfel
Verführerisch wie im Paradies

Johannisbeere
Reiche Ernte jedes Jahr

Monatserdbeere
Nascherei nicht nur für Kinder

Ein Spalier an der Hauswand

Ein Spalier an der Hauswand macht den Anbau von wärmeliebenden Obstsorten möglich, und zwar ohne nennenswerten Platzbedarf. Vor allem Wein, Birnen, Pfirsiche, Aprikosen und Sauerkirschen gedeihen hier prächtig. Und: Spalierobst bleibt an einer regengeschützten Hauswand weitgehend gesund. Hinzu kommt ein beachtlicher Zierwert: Kahle Wandflächen, die andernfalls abweisend wirken, fangen an zu leben und werden in den Garten einbezogen. Das winterliche Astwerk zeichnet eine bizarre Grafik ans Haus und kann selbst eine langweilige Fassade in einen Hingucker verwandeln.

Beerenobst

gehört in jeden Garten – gleich wie groß er ist. Johannis- und Stachelbeersträucher tragen bereits im Jahr nach der Pflanzung und dann regelmäßig jedes Jahr. Hochstämmchen tragen zwar nicht ganz so reich wie Sträucher, haben aber erstens mit ihren kugeligen Kronen nostalgischen Reiz und lassen sich zweitens sehr lazy abernten. Beerensträucher wurzeln sehr flach. Ihre Umgebung sollte man deshalb nur mit einer Grabegabel (keinesfalls mit dem Spaten) bearbeiten. Der Boden – am besten mit einer Mulchschicht – sollte offen sein. Im Rasen würden sie sonst kümmerlich dahinvegetieren.

Bei Strauch-Beerenobst gibt es neue Sorten, die ohne Spritzung weitgehend gesund bleiben. Bei roten Johannisbeeren empfehlen sich 'Rovada', 'Rondom' und 'Jonkher van Tets', bei schwarzen 'Ometa' und 'Titania', bei Stachelbeeren 'Invicta', 'Remarka' und 'Rokula'. Wer großfrüchtige Erdbeeren mag, pflanzt 'Florika', die sich mit vielen Ausläufern zu einer regelrechten »Erdbeerwiese« entwickelt und jahrelang reich trägt. Die Früchte lösen sich ganz leicht, ihr Aroma ist einfach köstlich!

1. **Äpfel** sind reif, wenn sie sich bei leichtem Anheben fast von selbst lösen.
2. **Beerenobst** als Hochstämmchen erntet man im Vorbeigehen.

TIPP

Manchmal hilft nur noch der Griff zu Säge und Schere, und zwar dann, wenn die Obstbäume zu dicht sind. Die Früchte bleiben nur in lichtem Gezweig gesund, entwickeln ihr Aroma und die zum Reinbeißen verlockende Farbe. Vor allem bei Spindelbüschen ist diese Arbeit wegen der geringen Höhe geradezu lazy.

Lazy

So wird das Arbeiten leichter

Wer im Garten nur das Wichtigste tut,
hat mehr Zeit zum Genießen

Einkaufen

So wird schon der Start zum Erfolg

Container-Rosen lassen sich selbst in der Blüte pflanzen.

Ein von hellen Wurzeln durchzogener Erdballen steht für Qualität.

Ob es sich um Gehölze, Stauden oder Rosen handelt: Das A und O für den späteren Gartengenuss ist die Qualität der Pflanzware. Der Einkauf im Fachgeschäft bewahrt vor Enttäuschungen, zumal Garten-Center, Gärtnereien und Baumschulen kompetente Beratung anbieten können und die Wuchsbedingungen in der Region einigermaßen gut kennen.

Sollte das gewünschte Gewächs nach Art oder Sorte nicht an Ort und Stelle erhältlich sein, dann kommt es auf Bestellung per Post in den Garten: Im Bezugsquellen-Verzeichnis (Seite 154) sind einschlägige Versandfirmen genannt. Dazu gleich ein Tipp: Um sicherzugehen, auch wirklich die gewünschte Pflanze zu bekommen, empfiehlt es sich, bei der Bestellung nur die botanische Bezeichnung zu verwenden. Auch dafür haben wir vorgesorgt: In der hinteren Buchklappe sind deutsche und botanische Namen gegenübergestellt.

Immer verbreiteter sind Pflanzen im **Container**. So werden die allseits angebotenen Kunststofftöpfe – ob rund oder eckig – genannt. Nicht nur Zierpflanzen, auch Gehölze und Obstbäume kann man so kaufen. Der große Vorteil: Sie können das ganze Jahr über gepflanzt werden, nur nicht bei Schnee oder gefrorenem Boden. Sofern die Pflanzen nicht sofort an die vorgesehenen Stellen kommen, genügt fürs Erste ein provisorisches (Winter-)Quartier. Rosen und Ziergehölze ohne Container werden dicht an dicht in einen spatenstichtiefen Graben gestellt, mit Erde bedeckt und eingewässert.

Bei Rosen und Obstgehölzen ist es sinnvoll, die Einkaufstour in den Herbst zu legen, weil dann in aller Regel die ganze Sortenpalette zur Verfügung steht; im Frühjahr kommt es wegen der verstärkten Nachfrage oft zu Engpässen.

Oft macht eine bestimmte Sorte am meisten Freude.

Die Qualität der Ware

Die Qualität der Ware lässt sich bereits vor dem Kauf feststellen, indem wir sie austopfen. Weiße Wurzeln, die den Erdballen noch nicht völlig durchziehen, weisen auf intakte Ware hin. Ist der Ballen verfilzt und kaum Erde zu sehen? Finger weg! Während ihrer viel zu langen Gefangenschaft im Container ist solchen Pflanzen die Freude an weiterem Wachstum vergangen.

Starthilfe für gesunde Container-Pflanzen: Man stelle sie vor dem Auspflanzen ins Wasser. Dann saugen sie sich nach Wurzelslust voll und lösen sich ganz leicht aus dem Behälter.

1. **Überständig**
   Hiervon ist abzuraten.

2. **Guter Ballen**
   Noch nicht verfilzt: Hier kann man zugreifen.

TIPP

Ein Kaufrausch droht nicht nur im Luxus-Warenhaus. Auch die überbordende Fülle im Garten-Center kann dazu verleiten, mehr zu kaufen, als dem Portemonnaie und dem Garten gut tut. Aber zu viele Pflanzen – zumal solche, die im Laufe der Jahre eine stattliche Größe erreichen – verwandeln das Grundstück dann in einen Urwald. Also einen Einkaufszettel schreiben.

Lebendige Anschauung

Lebendige Anschauung vermitteln die Botanischen Gärten. Niemand muss befürchten, sich mit laienhaften Fragen zu blamieren, denn informative Etiketten geben über alle Pflanzen Auskunft. Auch lässt sich gut einschätzen, wie groß die einzelnen Gewächse werden können, weil sie dort meist schon etliche Jahre auf dem Buckel haben.

Das gilt auch für Rosengärten, wie man sie in Stadtparks und anderen öffentlichen Anlagen findet. Gerade in feuchten Sommern lässt sich hier ganz gut beurteilen, welche Sorten krankheitsempfindlich sind.

Auch lohnt es sich, zwischen den Regalen eines Garten-Centers oder einer Staudengärtnerei entlangzuschlendern, um schon einmal zu sehen, wie und in welchen Farben die Pflanzen der engeren Wahl blühen. Denn entscheidend für den Kauf ist immer nur der persönliche Geschmack – auch abweichend von den Vorschlägen in diesem Buch.

Billigangebote in Geschäften, die sonst nicht viel mit Pflanzen zu tun haben, können später ernüchternd wirken. In der Wärme eines Kaufhauses zum Beispiel fangen Rosen und Gehölze bereits an zu treiben. Beim Auspflanzen erleiden sie dann einen schädlichen Kälteschock.

Aussäen

So geht's zu in der Kinderstube des Gartens

Wem's Spaß macht, kann Sommerblumen selbst aussäen.

Pflanzen, die es warm mögen, zum Beispiel Begonien, Fleißige Lieschen, Zinnien, Mittagsgold, Astern, Löwenmaul und Levkojen, brauchen eine längere Zeit der Vorkultur, bis sie sich zu kräftigen Individuen entwickelt haben und ins Freie wagen können. Diese Starthilfe macht Mühe – lazy ist das nicht. Die Lösung: Man kauft diese Pflanzenarten nach den Eisheiligen – also nach Mitte Mai, wenn keine Nachtfröste mehr drohen – fertig vorgezogen im Garten-Center oder beim Gärtner auf dem Markt.

Eigenhändige Aussaat der genannten Arten, die allesamt ziemlich empfindlich sind, ist gleichfalls alles andere als lazy und kommt hier deshalb nicht weiter zur Sprache. Tipps und Tricks dazu finden sich in anderen Gartenbüchern.

Glücklicherweise gibt es aber unkomplizierte Arten, die sich dem Motto des vorliegenden Buches fügen. Dazu gehören: Goldmohn (auch Kalifornischer Mohn oder Schlafmützchen genannt), Jungfer im Grünen (oder Gretel im Busch), Kornblume, Klatsch- und Seidenmohn, Ringelblume, Schleifenblume, Schmuckkörbchen (Kosmeen), Sommermargerite (Kokardenblume), Mädchenauge, Sonnenblume, Sonnenflügel, Steinkraut und Strohblumen. Für sie alle gilt: Aussaat im April/Mai; den Rest erledigen sie von selbst. Was die Temperaturen betrifft, sind sie recht hart im Nehmen.

Ideal zur Aussaat an Ort und Stelle sind die im Handel erhältlichen Sommerblumen-Mischungen, die auf Seite 71 vorgestellt werden. Das Rezept: Aussaat nach Angabe auf der Packung – keinesfalls dichter, da sich die einzelnen Pflanzen dann nicht entfalten können –, mit dem Rechen leicht einharken und gelegentlich gießen, falls es nicht sowieso ab und zu regnet. Die Saat sollte etwa vier Wochen lang feucht bleiben, bis sich auch die letzten der in der Mischung enthaltenen Arten entwickelt haben. Die Blütezeit zieht sich dann von Sommer bis Herbst hin. Lazy-Tipp: Im nächsten Jahr überlässt man die Fläche ihrer eigenen Initiative. Viele (wenn auch nicht alle) Arten stellen sich von selbst wieder ein.

Bei Gemüse gibt's ein paar Arten – zum Beispiel früher Kopfsalat, Tomaten und Zucchini –, bei denen

Multitopf-Platten erleichtern die Anzucht.

Blumenmischung: Heute in Tüte, morgen in Blüte.

die Anzucht der Pflanzen zu mühsam ist. Besser kauft man sie beim Gärtner. Andere Arten, darunter Radieschen und Möhren, können schon ab April direkt ins Freiland, also in das vorgesehene Beet gesät werden. Es gibt sie sogar in Form von Saatbändern: Mit dem Rechenstiel eine Rille ziehen, Saatband hineinlegen, Rille mit dem Rechen zuschieben, angießen, basta. Der Pfiff: Auf den Saatbändern haben die Samen bereits genau die endgültig richtigen Abstände, sodass die Pflanzen später nicht vereinzelt werden müssen – lazy, lazy!

Buschbohnen, Pflücksalat sowie im August Feldsalat und Spinat werden in Reihen direkt aufs Beet gesät. Um den ganzen Sommer über Kopfsalatpflanzen zu haben und damit eventuelle Lücken füllen zu können, kommen die im Foto gezeigten Multitopf-Platten zum Einsatz: In jedes Töpfchen einige Samen legen, nach dem Aufgehen auf jeweils ein Pflänzchen vereinzeln und, wenn der Ballen gut durchwurzelt ist, aufs Beet auspflanzen.

Durch diesen Trick wachsen die Pflanzen selbst an heißen Hochsommertagen ohne Störung weiter, während sie sonst des öfteren gegossen werden müssten. Dieselbe Methode hat sich auch bei Endivie oder 'Zuckerhut' gut bewährt.

Zur schnellen Berankung

von Zäunen bieten sich rasch kletternde Sommerblumen an, die robust und in der Anzucht problemlos sind, etwa Prunkwinde, Kapuzinerkresse, Feuerbohnen, Duftwicken oder kleinfrüchtige Zierkürbisse. Diese Arten vertragen aber keinen Kälteschock, weshalb deren Aussaat erst zwischen Anfang und Mitte Mai stattfindet.

Wer möglichst bald einen berankten Zaun haben möchte und ein bisschen Arbeit nicht scheut, kann die Pflanzen in Eigenregie vorab heranziehen. Dazu jeweils einige Samen in Töpfchen legen, im warmen Zimmer aufstellen und in der zweiten Maihälfte – wenn's warm bleibt – auspflanzen. So zeigt der Zaun bald fröhliche Farben.

Sommerblume
Seidenmohn in zarten Farben

Kletterpflanze
Prunkwinden in klaren Blautönen

Gemüse
Radieschen, knackig frisch

Boden

So bleibt die Erde ein guter Grund

Boden ist nicht gleich Boden. Zu unterscheiden sind im Wesentlichen drei verschiedene Bodenarten: Sand-, Ton- oder Lehmböden. Außerdem gibt es alle möglichen Übergangsformen, zum Beispiel tonige oder sandige Lehmböden.

Interessant und lehrreich: Den eigenen Boden sollte man einmal genauer betrachten.

- Leichte, sandige Böden sind bequem zu bearbeiten, gut durchlüftet und wasserdurchlässig. Das Wachstum im Frühjahr beginnt zeitig, weil sich sandige Böden rasch erwärmen. Wurzeln können sich gut ausbreiten, Kompost wird zügig in Humus umgesetzt.

- Schwere, tonige Böden sind schlecht durchlüftet und neigen zu Staunässe. Sie erwärmen sich zögernd und brauchen sehr lange, bis sie nach der Schneeschmelze und nach Regenfällen abtrocknen. Nachteil: Sie sind für die Wurzeln ein hartes Brot. Vorteil: Sie bieten reichlich Nährstoffe und können größere Mengen Wasser speichern.

Nicht umsonst heißen sie »Minutenböden«: Gleich nach einem Regenguss geben sich Tonböden schmierig, wartet man dann aber zu lange, werden sie beinhart, fast wie Beton, und bilden meist Risse. Die Bearbeitung kann also nur während einer ganz kurzen Phase vonstatten gehen.

- Lehmböden vereinen die Vorzüge von Sand und Ton in sich, weil sie aus beidem gemischt sind. Sie gelten als mittelschwer. Der Sandanteil wirkt lockernd und belüftend, der Tonanteil wasser- und nährstoffspeichernd. Die regelmäßige Zufuhr von humusbildenden Stoffen (zum Beispiel Kompost oder Pflanzerde) macht einen Lehmboden zur idealen Grundlage für jeden Garten.

Lehm Etwas angefeuchtet, lässt er sich »kugeln«

Ton Eine zähe Masse, die man auswalzen kann

Jeder Garten liebt es bodenständig

Sollte der Untergrund noch von – vielleicht gerade erst abgerückten – Baufahrzeugen verdichtet sein, muss er erst einmal gelockert werden. Welche Wurzel hat schon die Kraft, sich in einen Boden hineinzuzwängen, der fast so hart ist wie Beton? Hier kann außerdem kaum Wasser eindringen, es fließt oberflächlich ab und geht dem Garten verloren.

Auf keinen Fall sollten in einen verfestigten Boden einzelne Pflanzlöcher gegraben und dann Bäume und Sträucher hineingesetzt werden. Solche Kuhlen funktionieren wie Blumentöpfe, aus denen das Wasser nicht abziehen kann, sodass die Pflanzen nasse Füße bekommen und im Wachstum stocken.

Zum Lockern von Hand eignen sich eine Grabgabel, ein Spaten oder Pickel. Wer es lieber motorisch mag, schwingt sich auf den Bock eines Minibaggers (gibt's beim Baumaschinen-Verleih) und lässt die Zähne der Baggerschaufel wieder und wieder in den Boden beißen. Das macht selbst das härteste Erdreich mürbe. Wenn anschließend noch gefräst wird, ist der Boden locker genug, um den Pflanzen eine Heimstatt zu bieten. Das alles klingt sehr mühsam und alles andere als lazy. Man kann sich's aber auch einfacher machen und eine Firma für sich arbeiten lassen. Für weitere Lockerung sorgen dann Pflanzen.

Gründüngung heißt das Zauberwort. Sie belebt und lockert einen zunächst toten Boden, wie er frisch nach der Bauabnahme zurückbleibt. Die Pflanzen – zum Beispiel Bitterlupinen, Bienenfreund, Wicken – begrünen die Erde zügig und werden anschließend untergegraben, damit sie den Humusgehalt erhöhen. Eigens für besonders schwere Böden gibt es im Handel die Samenmischung »Grünaktiv«, für leichte und mittlere die Mixtur »Grünhumus«.

Zur Verbesserung eines zunächst bis auf eine Tiefe von etwa 30 cm – für Rasen genügen 20 cm – umgegrabenen oder gefrästen Bodens wird Kompost über die gesamte Gartenfläche verteilt. Wer mit dem Gärtnern gerade erst anfängt und noch keinen eigenen Kompost hat, nimmt stattdessen Pflanzerde aus der Gärtnerei oder dem Garten-Center. Darüber hinaus kann der Boden mit Material aus kommunalen Kompostierungsanlagen verbessert werden. Damit die Wirkung spürbar ist, sollte man mindestens zehn Säcke (à 80 Liter) auf hundert Quadratmeter veranschlagen. Das Material wird gleichmäßig verteilt, dann mit der Grabgabel oder Fräse leicht eingearbeitet. Leichten Böden bleibt die Feuchtigkeit so besser erhalten, schwere Böden werden dadurch lockerer und lebendiger.

Um schwere Böden auf Dauer zu lockern, wird ihnen Sand oder fein gemahlener Ziegelsplitt (auch Bims oder Lava) zugesetzt. Sonst ist die ganze anfängliche Bodenbereitung schon bald hinfällig. An Stellen, die für langfristige Kulturen – zum Beispiel Stauden und Rosen – gedacht sind, sollte man gleich zu Anfang eine großzügige Bodenverbesserung betreiben. Bei Gemüse und Sommerblumen eilt sie nicht so sehr, sondern lässt sich noch in späteren Jahren nachholen.

Gründüngung lockert den Boden und reichert ihn mit Humus an.

Einpflanzen

So findet jedes Gehölz seinen Platz

Heute werden Gehölze oft in Containern angeboten – das kostet zwar mehr, ist aber ausgesprochen lazy. Container sind große Kunststofftöpfe, in denen die Gehölze in der Baumschule kultiviert wurden. Solche Containerware kann sogar im Sommer – selbst zur Blütezeit – gepflanzt werden. Gleiches gilt auch für Nadel- und immergrüne Gehölze. Für gewöhnlich pflanzt man Laubgehölze jedoch am besten nach dem Laubfall im Herbst bis kurz vor dem beginnenden Austrieb im Frühjahr. Das kann durchaus während der Wintermonate – also auch im Januar/Februar – geschehen, sofern der Boden frost- und schneefrei ist.

Ein während des Transports womöglich ausgetrockneter Ballen wird für ungefähr eine Stunde in Wasser gestellt, damit er sich richtig vollsaugt. Dazu löst man mit einem Handschlag auf den Topfboden das Gehölz vom Container. Dann wird das Pflanzloch ausgehoben. Es soll

1. **Pflanzloch** mit dem Spaten so groß ausheben, dass der Wurzelballen bequem Platz hat.

2. **Boden** mit Kompost oder Pflanzerde verbessern.

3. – 4. **Vorratsdünger** in einer auf der Packung empfohlenen Menge leicht einarbeiten. Das verhilft zu zügigem Wachstum.

um gut ein Drittel reichlicher bemessen sein als der Wurzelballen. Der Ballen soll in dem Pflanzloch gut Platz finden. Bei Gehölzen ohne Ballen kürzt man einzelne zu lange Wurzeln mit der Schere ein und schneidet die Triebe um ein Drittel bis zur Hälfte zurück, damit alle Knospen kräftig austreiben.

Die Pflanzlöcher werden mit dem Aushub – gemischt mit Kompost beziehungsweise handelsüblicher Pflanzerde – gefüllt. Dann kräftig mit Schlauch oder Gießkanne (ohne Tülle) angießen, damit die feinen Erdteilchen an die Wurzeln geschwemmt werden. Wichtig: Auch nach dem kräftigem Einschlämmen sollte die Pflanze nicht wesentlich tiefer stehen als zuvor in der Baumschule. Wenn die Pflanzfläche zusätzlich ab Frühjahr mit Rasenschnitt oder Rindenmulch abgedeckt wird, steht einem raschen Anwachsen nichts mehr im Wege.

Neben der Container- gibt es bei Gehölzen die so genannte **Ballenware**, bei der die Wurzeln in Jute oder Sackleinen verpackt sind. Solche Pflanzen kommen am besten im September (wenn sich keine Neutriebe mehr bilden) oder im Frühjahr (kurz vor dem Austreiben) in die Erde. In diesem Fall das Pflanzloch bis über die Hälfte mit

TIPP

Der Boden sollte nach der Pflanzung 2–3 Jahre lang offen gehalten und mit Mulchmaterial abgedeckt werden. Das fördert das Wachstum und vermindert den Gießaufwand, weil keine anderen Pflanzen um Wasser und Nährstoffe konkurrieren. Später macht es den Gehölzen dann nichts mehr aus, wenn der Rasen bis an den Stamm heranwächst.

1. **Die Pflanze** soll nicht tiefer im Boden stehen als zuvor im Container.
2. **Ein Pfahl** gibt dem Baum in den ersten Jahren den nötigen Halt, bevor er genügend Wurzelwerk entwickelt hat, um Wind und Sturm »eigenständig« zu trotzen.

Erde auffüllen, Ballentuch aufschneiden, umlegen, aber nicht entfernen (der Ballen könnte sonst zerfallen), das Pflanzloch bis zum »Kragen« mit Erde auffüllen und angießen.

Als Stütze genügt bei höheren Laubgehölzen ein Baumpfahl, an dem der Stamm mit einer Strick- oder Lederschlaufe in Form einer Acht befestigt wird. Nach ungefähr zwei Jahren hat das Gehölz so viele neue Wurzeln entwickelt, dass es ohne Hilfe auf eigenen Füßen steht.

Höhere Nadelgehölze werden im Boden am besten mit drei Drähten verankert. Ein Stück Fahrradreifen, Leder oder Stoff verhindert, dass sie den Stamm einschnüren. Nach ein bis zwei Jahren die Drähte etwas erweitern und dann entfernen.

Hecken einpflanzen

Wer möglichst bald eine dichte Pflanzung sein Eigen nennen möchte, verwendet am besten Containerware. Vorteil: Mit ihr kann der Garten selbst im Hochsommer – quasi über Nacht – grün gerahmt werden.

Graben ausheben, Pflanzen im richtigen Abstand hineinstellen und einpflanzen.

Nach der Vorbereitung des Bodens wird ein Graben ausgehoben (siehe Grafik), etwa 20 cm breit und ebenso tief. Entlang einer straff gespannten Schnur legt man die einzelnen Pflanzen erst aus und setzt sie dann in den Graben. Jetzt Erde einschaufeln, leicht antreten und gründlich einschwemmen. Zuvor kann die Erde auf die gleiche Weise verbessert werden wie bei der Gehölzpflanzung. Die Arbeit geht am besten zu zweit: Einer hält die Pflanze senkrecht, der oder die andere schaufelt die Erde hinein.

Sollte der Boden nicht bereits genügend gelockert sein, ist es ratsam, ihn etwa einen halben Meter breit und 30 cm tief umzugraben und dann erst den eigentlichen Heckengraben auszuheben. Pro laufenden Meter Hecke sind für Laubgehölze – Hainbuche, Feldahorn, Buchsbaum – etwa vier bis fünf Pflanzen zu veranschlagen, sofern es sich um Ware ohne Ballen handelt. Bei größeren Pflanzen mit Wurzelballen bzw. im Container (etwa Thujen und Eiben) genügen zweieinhalb Stück auf den laufenden Meter. Bei zwei- bis dreijährigen Jungpflanzen, also sehr kleinen Exemplaren, kann man die Anzahl auf bis zu zehn erhöhen, um schnell eine dichte Hecke zu erzielen. Solche Gehölze bei der Pflanzung um ein Drittel einkürzen.

Rundherum begrünte Pflanzen ergeben rasch eine geschlossene Hecke.

TIPP

Grenzabstände sind auch beim Pflanzen einer Hecke einzuhalten. Kleinere, schmächtige Pflanzware verleitet dazu, dass man sie zu nahe an den Zaun setzt, um Platz zu sparen. Bei der Stadt-/Gemeindeverwaltung können Sie den Mindestabstand erfragen. Die gute Nachbarschaft bleibt dadurch auf lange Sicht erhalten.

Rosen einpflanzen

Auf Ausstellungen und Rosenschauen sind Containerpflanzen in voller Blüte zu bewundern. Das erleichtert die Entscheidung: Man kann das Gewünschte gleich dort erwerben und getrost nach Hause tragen.

So ein kompakter Wurzelballen sorgt für einen optimalen Start.

Vor dem Pflanzen empfiehlt es sich, die Rosen als Ganzes für einige Stunden in Wasser zu legen, damit sie sich »erfrischen« können. Wenn man normale Pflanzware hat, also keine Container-Rosen verwendet, geht's am besten zu zweit: Einer hebt ein Pflanzloch (gut einen Spatenstich tief) aus und lockert die Sohle, während der/die andere die Rosenpflanze senkrecht hineinhält. Vorher werden die Wurzeln auf etwa Handlänge eingekürzt, denn sie sollen sich im Pflanzloch auf keinen Fall umbiegen. Container-Rosen setzt man einfach ins vorbereitete Pflanzloch und wässert sie ein.

Wichtig ist, dass die Veredelungsstelle – eine Verdickung am Wurzelhals – etwa fünf Zentimeter tief in den Boden kommt. Das dient dem vorbeugenden Frostschutz, denn dann kann die Rose immer noch austreiben, auch wenn die oberirdischen Teile einmal erfrieren sollten. Beim Einfüllen der Erde kann man eine Hand voll Hornspäne als langsam wirkenden Dünger hinzufügen. Von anderen Düngern ist im Jahr der Pflanzung abzuraten, weil die Wurzeln noch zu empfindlich sind.

Anschließend werden die Triebe auf Handhöhe eingekürzt, die Pflanzen angegossen und mit Erde angehäufelt, sodass nur noch die Triebspitzen hervorragen.

1. **Wässern**
   Das frischt die Wurzeln noch einmal richtig auf.

2. **Einsetzen**
   Pflanzloch rundum mit Erde auffüllen.

3. **Pflanztiefe**
   Die Veredelungsstelle muss genügend (etwa 5 cm) tief in den Boden kommen.

4. **Schon geht's los**
   Rosen aus dem Container gönnen sich keine Pause. Sie wachsen und blühen gleich weiter, als sei nichts gewesen.

TIPP

Rosen werden meist als wurzelnackte Ware angeboten, also ohne Container. Man pflanzt sie am besten im Herbst. Selbst wenn es schon Dezember ist, braucht man vor eventuellen Frostschäden keine Angst zu haben. Der Vorsprung gegenüber einer Frühjahrspflanzung ist im nächsten Jahr unverkennbar.

Staudenbeet anlegen

Die Wahl der persönlichen Favoriten ist in Anbetracht der riesigen Arten- und Sortenvielfalt fast das Schwierigste an dem ganzen Unterfangen. Wenn es ans Einpflanzen geht, entscheidet eine gekonnte Staffelung der Stauden nach Wuchshöhe und Anzahl über die räumliche Wirkung des späteren Beetes.

Die Stauden nach Plan auslegen und vielleicht ein wenig zurechtrücken.

Die meisten Stauden werden heutzutage in Containern angeboten, sodass sich die Pflanzzeit nicht mehr auf Herbst und Frühjahr beschränkt, sondern über das ganze Jahr erstreckt – vom Winter abgesehen. Bei Sumpf- und Wasserpflanzen liegt der günstigste Zeitpunkt im Mai, sobald sich das Wasser ausreichend erwärmt hat.

Ist das Staudenbeet breiter als etwa zwei Meter, verschaffen einige in Schrittlänge verlegte Trittplatten bequemen Zugang zu den Pflanzen. Zuerst werden die hohen Stauden – und davon nur relativ wenige – auf dem Beet ausgelegt, je Quadratmeter etwa ein bis zwei Stück. Sie sollen das Gerüst bilden und werden meist einzeln (bei größeren Pflanzungen in Gruppen zu maximal drei Stück) mit Pflanzkelle oder Handspaten gesetzt. Dann erst legt man die mittelhohen und die niedrigen Stauden – letztere sind zahlenmäßig am stärksten vertreten – aus und pflanzt sie. Für mittelhohe Stauden rechnet man pro Quadratmeter etwa drei bis fünf Stück, für niedrige (zu denen auch Bodendecker zählen) acht bis fünfzehn Stück.

Es gibt ein paar ganz hartnäckige Unkräuter – auch als Dauerunkräuter gebrandmarkt –, die auf der Pflanzfläche nichts zu suchen haben. Diese »Typen«, zum Beispiel Ampfer, Giersch, Quecke und Ackerwinde, sind unglaublich vital, dringen in Bälde ins Wurzelwerk der Stauden ein und lassen sich von dort nie mehr entfernen. Will man sein Beet vor so einem traurigen Schicksal bewahren, so sollte man die

Etiketten dienen als Merkhilfe.

Vorteil Containerware: Hier sieht man gleich, was man wirklich kauft.

Wurzeln dieser unsympathischen Kostgänger von vornherein ins Jenseits befördern. Wer sich um eine ökologisch korrekte Sprachregelung bemüht, wird die Pflänzchen zärtlich als Wildwuchs bezeichnen, aber trotzdem nicht willkommen heißen. Selbst Gärtner mit hohem Ethos und tiefem Respekt vor der Schöpfung geben das kleinlaut zu.

Zwischen den Stauden sollten kleinere Flächen für Beetrosen und Einjahrsblumen frei bleiben; diese verlängern die Blühsaison. Unschön ist es, die ganze Fläche nur mit hohen und mittelhohen Formen vollzustopfen. Ganz anders die räumliche Wirkung, wenn aus niedrigen Farbflächen einige höhere Stauden nur vereinzelt herausragen.

Gepflanzt wird erst,

nachdem der Boden gründlich gelockert und mit Kompost oder gekaufter Pflanzerde verbessert ist. Damit während des Pflanzens der zuvor gelockerte Boden nicht gleich wieder verdichtet wird, legt man zum Arbeiten am besten ein breites Brett aus, das als Standfläche dient. Dann alle Stauden mit der Gießkanne (ohne Tülle, damit's stramm strahlt) angießen.

Einige Gräser sind zweifellos sehr attraktiv, haben aber die unangenehme Angewohnheit, haltlos zu wuchern, zum Beispiel Riesen-Chinaschilf, manche Chinaschilf-Sorten oder Goldleistengras. Ein Blecheimer oder eine kleine Blechwanne mit Löchern im Boden (Wasserabzug) kann eine Art Käfig bilden und den Expansionsdrang zügeln.

Gleiches gilt für den dekorativen Federmohn, der es ungebremst sogar fertig bringt, unter einer Mauer hindurchzuwachsen. Statt des Käfigs lässt sich der Federmohn auch anderweitig bändigen: Im Frühjahr nur wenige Triebe belassen, die übrigen von Hand ruckzuck aus dem Boden ziehen – gelingt echt lazy. Die verbleibenden Triebe und Blätter wirken dann besonders attraktiv.

1.–4. Schritt für Schritt
- Raus aus dem Topf,
- Loch ausheben,
- rein in den Boden,
- Wasser an die Wurzeln.

Lücken in einer Pflanzung lassen sich jederzeit mit Stauden füllen.

Zwiebeln einpflanzen

Alle Jahre wieder blühen Schneeglöckchen, Tulpen und Narzissen in rührender Treue – ganz gleich, ob im Beet oder auch mitten im Rasen. Echt lazy: Die Zwiebeln können für immer an ihrem Platz bleiben, vor allem die kleinen unter ihnen werden von Jahr zu Jahr mehr.

Fangen wir mit den Kleinen an:

Schneeglöckchen, Winterlinge, Wildkrokusse und später Blausternchen sind bereits ab Februar zur Stelle. Sie machen sich gut vor und unter Bäumen und Sträuchern, weil sie ihre frischen Farben leuchten lassen, wenn diese noch kahl sind. Sobald die Gehölze ein dunkles Blätterdach gebildet haben, ist die »Blüh-Uhr« der Zwiebelpflanzen abgelaufen – ihr Laub vergilbt. Das stört aber nicht, denn sie können sich im Schatten verstecken.

All diese kleinen Zwiebelblumen samen nach der Blüte aus, werden also von Jahr zu Jahr mehr – und sogar immer schöner! Der Experte sagt, sie »verwildern«. Er meint damit die positive Eigenschaft, dass sich die Zwiebelblumen von selbst ausbreiten. Gibt es im Garten einen einzeln stehenden Obstbaum oder ein markantes Ziergehölz, lassen sich um den Stamm

Beim Ausstreuen der Zwiebeln gilt das Zufallsprinzip.

1.–4. Blumenzwiebeln, im Herbst in Schalen gepflanzt, sind mobil und lassen zur Blütezeit im Frühling vor dem Hauseingang oder auf der Terrasse ihre intensiven Farben leuchten.

5.–8. Kleinblumenzwiebeln im Rasen mit einer schmalen Pflanzkelle oder dem Spaten pflanzen: Rasensoden aufklappen, einige Blumenzwiebeln – Spitze nach oben – in den Boden legen, Rasensoden zurückschlagen und leicht antreten.

Elfenkrokusse vermehren sich von Jahr zu Jahr.

herum großblumige Krokusse und Blausternchen ansiedeln. Beim Blühen scheinen sich diese beiden Arten abgesprochen zu haben: Sobald die Krokusse nicht mehr können, breitet sich der Blütenschleier der Blausternchen aus.

Gittercontainer sind die Wohnmobile der Zwiebelblumen.

Tulpen wirken am besten im Hintergrund einer Staudenpflanzung. Ab März beginnen die Botanischen Tulpen zu blühen, und zwar – wenn sie geschützt in Hausnähe stehen – ganz früh und zur Freude aller Vorübergehenden. Die auffälligen großblumigen Sorten schließen sich später an – bis Ende Mai.

Narzissen gibt's in vielen Sorten vom hellsten Gelb bis zum tiefsten Orange, sie kommen besonders gut vor dunklen Nadelgehölzen zur Geltung. Sie fühlen sich nicht nur in offenem Boden wohl, sondern können genauso gut – mit Hilfe eines Pickels – mitten in der Rasenfläche platziert werden: Die Zwiebeln am besten locker mit der Hand ausstreuen und dort, wo sie mehr oder weniger zufällig hinfallen, unter die Grasnarbe setzen. Das ergibt ein lebendiges Bild. Das gleiche Verfahren gelingt mit Tulpen. Beim Rasenmähen sollten diese Stellen so lange ausgespart bleiben, bis die Blätter völlig vergilbt sind.

1.–2. **Gittercontainer** machen Tulpen transportabel: Sie können, wenn ihre Blüten nicht mehr fröhlich leuchten, in eine abgelegene Ecke gestellt werden.

3.–4. **Ein Pflanzer** für Blumenzwiebeln hilft im Handumdrehen beim Ausheben der Löcher.

Hyazinthen wirken mit ihren gefüllten Blüten etwas pompös. Ihren Geltungsdrang spielen sie am besten im Beet oder in Schalen auf der Terrasse aus. Im Bereich einer naturnahen Staudenpflanzung kommen eher die mehrblütigen »Multiflora«-Hyazinthen in Frage, weil sie sich dort unaufdringlich einfügen.

Als Pflanztiefe gilt für alle Zwiebel- und Knollenblumen: Die Erddecke soll etwa zwei- bis dreimal so stark wie die Zwiebel oder Knolle sein, in einer Staudenpflanzung besser spatenstichtief, damit die Zwiebeln dort ungestört bleiben.

Keine dieser Blumenzwiebeln muss je aus dem Boden genommen werden, sondern sie melden sich Jahr für Jahr treu am alten Platz zurück, aber auch überraschend an neuen Stellen – zur Freude aller Lazy-Gärtner.

Narzissen im Rasen »verwildern«: Es werden von Jahr zu Jahr mehr.

Rasen

So wird's ein dichter grüner Teppich

Rasen-Rollen für flinkes Grün.

Traurig nur für die Vögel:

Beim Rollrasen gibt's keine Grassamen zu picken, wird er doch fix und fertig angeliefert. In aller Regel rollt eine Gartenbau-Firma den grünen Teppich aus, auf Wunsch bereitet sie auch den Boden (wie zu einer normalen Rasenansaat) vor. Nur frostfrei muss es sein, sonst gibt's für die Anlage eines Rollrasens keinerlei Termine. Die einzige Bedingung: nach dem Auslegen reichlich beregnen und zwei Wochen lang in Ruhe lassen. Dann ist er angewachsen und darf nach Herzenslust betreten werden.

1. **Ausrollen**
   wie einen Teppichboden.
2. **Andrücken**
   So verbindet er sich innig mit dem Boden.
3. **Abstechen**
   überstehender Ränder.
4. **Beregnen**
   Bis zum Anwachsen mehrmals bewässern.

1

2

3

4

Der Rasen aus dem Sack

Der traditionelle Weg, Rasen anzulegen, bleibt auch weiterhin die Aussaat von Grassamen direkt auf die zu begrünende Fläche. Weil das Saatgut erst ab einer Bodentemperatur von 10 °C aufwärts keimt und ihm zeitweilige Regenfälle ganz lieb sind, eignen sich zur Aussaat am besten die Wochen von Ende April bis Juni und der September.

Der Anfang ist nicht wirklich

lazy und deshalb eventuell ein Job für eine Gartenbau-Firma: Wenn es um die Neuanlage geht, erst den Boden einen Spatenstich tief umgraben, dann idealerweise den Winter über brachliegen und vom Frost garen lassen, von Unkräutern und Steinen befreien, mit Torfersatz-Substrat und – je nach Standort – mit Sand oder Mutterboden anreichern, und mit dem Rechen glatt ziehen. Dann das Saatgut gleichmäßig ausbringen, und zwar etwa 20 g/m^2, und gut andrücken.

1. **Rasensamen** gut durchschütteln und in den Streuwagen füllen.
2. **Aussäen** Mit dem Streuwagen geht's gleichmäßig und lazy.
3. **Anwalzen** gleicht kleine Unebenheiten aus und drückt Steinchen in den Boden.
4. **Feuchthalten** So lange, bis der grüne Teppich erscheint.

Jedes Saatgut

besteht aus den Samen verschiedener Grasarten, die sich in ihrer Strapazierfähigkeit, Wuchsdichte und Schattenverträglichkeit unterscheiden. Zwar ist eigentlich jede Rasenmischung für einen sonnigen Standort dankbar, aber es gibt auch solche, die recht gut mit schattigen Standorten zurechtkommen. Zu empfehlen sind solche Mischungen, denen bereits ein Startdünger beigemischt ist.

Für echte Lazy-Gärtner bieten sich die neuen Rasenmischungen an, die aus extrem langsam wachsenden Gräsern komponiert sind, sodass es bei dreimaligem Mähen pro Jahr sein Bewenden hat.

TIPP

Das Ausbessern

schadhafter Rasenpartien ist mit eigens im Handel erhältlichen Reparatur-Mischungen schnell gemacht. Sie bestehen aus besonders robusten Gräsern, die sich gegen Konkurrenz durchsetzen. So geht's: Lückige Stellen mit der Harke aufrauen, Mischung aussäen, mit Erde (gegen Vögel) fingerstark abdecken.

Rasenflächen lassen jeden Garten optisch größer erscheinen.

Der Rasen als Matte

Eine Art »Rollrasen light« ist unter der Produktbezeichnung »Nova Grow« im Handel und eigens für solche Gärtner gedacht, die sich wenig Arbeit machen, aber schnellen Erfolg sehen wollen. Es handelt sich um eine Vliesmatte mit eingebauter Rasensaat.

Man nehme eine Schere und schneide sich den Rasen passend für den Garten zurecht. Na ja, ganz so simpel geht's dann doch nicht. Aber »Nova Grow« ist tatsächlich für Leute erfunden worden, die ihrerseits die Gartenarbeit nicht erfunden haben.

Wenn Rollrasen quasi als grüner Teppichboden gelten kann, dann fällt dem Produkt »Nova Grow« die Rolle einer grünen Bettdecke zu. Das Material ist um vieles leichter – auch in der Handhabung –, weil es sich eben nicht um Fertigrasen handelt, sondern um eine ziemlich bequeme Methode, die Samen an Ort und Stelle auszurollen. Wenn »Nova Grow« laut Werbebotschaft »gut aufgelegt« ist, beginnen die in die Vliesmatte eingearbeiteten Samen zu keimen und sich zu einer Rasenfläche zu verdichten – ganz nach Art einer konventionellen Aussaat.

Aber wo liegen denn nun die Vorteile?

- Erstens braucht sich der Gärtner keine Gedanken zu machen, in welcher Menge das Saatgut ausgestreut werden muss. Die Mischung für einen strapazierfähigen Allzweck-Rasen ist in dem Vlies bereits in der angemessenen Dichte enthalten, und zwar angereichert mit einem Dünger, der dem Gemisch als Starthilfe dient.
- Zweitens deckt die Saatmatte den Boden so dicht ab, dass die dort lauernden Unkrautsamen das Nachsehen haben: Sie finden nicht mehr ans Licht. Vögel, die gern mal ein paar Samen picken würden, starten unverrichteter Dinge durch.
- Drittens bleibt das Saatgut dort, wo es bleiben soll: Mag ein Regenguss oder Windstoß kommen, die Samen werden trotzdem nicht irgendwohin verfrachtet.
- Viertens lassen sich mit der Saatmatte auch Hänge, Böschungen und Mulden nachmodellieren, wo sich gewöhnliche Grassamen kaum halten könnten.

Bereits während des Anwachsens macht sich das Trägervlies allmählich aus dem Staub: Es besteht aus Zellulose und ist komplett biologisch abbaubar.

1. **Ausrollen**
   Nach der Bodenvorbereitung (sie ist auch hier unverzichtbar) wird »Nova Grow« ausgebreitet und – bei Hanglagen – festgepflockt.
2. **Beschweren**
   Das Vlies braucht ganzflächig engen Bodenkontakt.
3. **»Grasiküre«**
   Mit der Schere lassen sich die Konturen ganz nach Wunsch zurechtschneiden.

Der Mäh-Roboter beißt sich durch

Sollten schon die alten Römer den Ehrgeiz gehabt haben, ihre Gärten mit dem flauschigen Flor eines dichten Rasens wohnlich einzurichten, dann übernahmen ja wohl ein paar Sklaven die Mühsal des Mähens. Was aber bleibt uns armen, geplagten Jetztmenschen anderes übrig, als den Rasenmäher eigenhändig durchs grüne Dickicht zu schieben?

Doch halt! Wozu eigentlich leben wir im Zeitalter der Automatisierung? Deren Vorteile verkörpern sich überzeugend in dem jetzt auch in Deutschland erhältlichen Mäh-Roboter »RL 500« zum Preis von rund 1400 Euro. Das Gerät bewegt sich auf Rädern, angetrieben von einem flüsternden Elektromotor, mit der Spitzengeschwindigkeit von einem halben Meter pro Sekunde selbsttätig im Garten hin und her. Als Energiequelle dient ein aufladbarer Akku mit einer Kapazität für jeweils 250 Quadratmeter.

Bevor der Mäh-Roboter auf die Reise gehen kann, wird rund um die zu mähende Fläche ein Begrenzungsdraht installiert, der den Sensoren im Gerät die Umrisse des Reviers signalisiert (obere Grafik). Ist

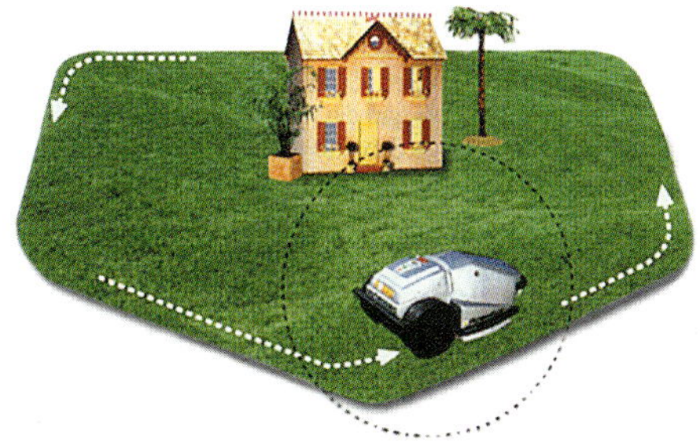

der »RL 500« per Kabel-Fernsteuerung erst einmal in Position gebracht worden, bekommt er ein Startsignal und grast das Terrain in geraden Bahnen nach vorgegegebenem Muster und mit einer Schnittbreite von 50 Zentimeter ab (untere Grafik). Hindernissen, zum Beispiel einem aus dem Rasen ragenden Strauch, weicht der Roboter automatisch aus. Für heikle Partien oder skeptische Benutzer gibt es die manuelle Fernsteuerung.

Wohin mit dem Schnittgut? Der Mäh-Roboter ist ein Mulchmäher, der die Grashälmchen mit seinen drei rotierenden Messern in winzige Stückchen zerhackt und an Ort und Stelle wieder auspustet. So entsteht eine feine Mulchschicht, die nicht zusammengeharkt werden muss, sondern den Rasen sogar düngt.

Hersteller und deutscher Vertrieb laden dazu ein, dem Lazy-Vehikel virtuell näher zu treten. Weitere Informationen unter:
- www.friendlyrobotics.com
- www.roco.de

Echt lazy und nicht versnobt: Lassen Sie Ihren Elektro-Butler mähen.

Rasenmähen wird leicht zum Traumjob,

wenn die Technik dem Spieltrieb ihrer Benutzer entgegenkommt. Zur puren Funktion gibt es zweierlei zu sagen: Entweder rotieren mehrere spindelförmig angeordnete Messer um eine horizontale Achse und erwischen das Gras an einer Schnittkante (Prinzip: Schere), oder es rotiert ein messerscharfer Propeller um eine vertikale Achse und durchschneidet die Hälmchen mit seiner vor allem durch die hohe Drehzahl bedingten Schlagkraft (Prinzip: Sense). Die so genannten Mulchmäher zerhäckseln das Gras gleich in so kleine Fetzen, dass es – echt lazy – an Ort und Stelle liegen bleiben kann.

1. **Aufsitz-Rasenmäher**
   Mittelding zwischen Gokart und Mähdrescher.
2. **Motor-Rasenmäher**
   Antrieb: Benzinmotor bzw. Elektromotor (Foto) per Netzkabel oder Akku.
3. **Spindelmäher**
   Handbetrieb alter Schule.
4. **Rasentrimmer**
   Ein rotierender Nylonfaden säubert die Kanten.
5. **Idealmaß**
   Frisch gestutzte Halme sind noch 4–5 cm hoch.

Rasenpflege

Die Hauptrolle spielt regelmäßiges Schneiden, aber bitte nicht zu kurz (optimal sind 4–5 cm). Während des stärksten Wachstums, also im Frühjahr/Frühsommer, empfiehlt sich ein Schnitt alle acht bis zehn Tage – wenn's auf den Herbst zugeht, darf's ruhig seltener sein.

Rasen belüften: Mit diesen Schuhen klappt's lazy. Der Rasen lebt förmlich auf.

Scharfe Messer

sind die Voraussetzung für einen sauberen Schnitt. Andernfalls wird das Gras nur abgerupft, dann sieht die Fläche nicht wohltuend sattgrün, sondern fahlgrau aus. Schnitt und Düngung sind das A und O der Pflege: Der Rasen bleibt dadurch schön dicht, lässt Unkräutern und Moosen kaum eine Chance. Bei anhaltender Trockenheit den Rasen wässern – selten, aber gründlich. Ein Regner erleichtert diese Arbeit. Umweltbewusste Zeitgenossen verwenden kein Leitungs-, sondern Regenwasser.

Ein Vertikutieren im Frühjahr sorgt für gute Durchlüftung: Messerscharfe Zinken ritzen die Grasnarbe auf, beseitigen Moos und Filz und regen das Wachstum an. Wer's lazy mag, wird diese (ziemlich schweißtreibende) Arbeit einem motorgetriebenen Gerät überlassen. Sollten Unkräuter störend auffallen, können sie mit selektiv wirkenden Mitteln beseitigt werden, die im Fachhandel erhältlich sind und die den Rasen bildende Gräser ungeschoren lassen. Auf kleinen Flächen kann man solche Unkräuter von Hand einzeln herausstechen.

Rasensprengen: ein Kinderspiel.

Rundum lazy

geht es auch: Einfach auf fast alle Pflegearbeiten verzichten, also nicht düngen, nicht wässern, nicht vertikutieren, keine Unkräuter auszupfen – und seltener mähen, denn wenn Nährstoffe rar sind, verlangsamt sich das Wachstum. Zwar kommt kein saftig-grüner Teppichflor zu Stande, aber dennoch eine betret- und bespielbare Fläche aus Gräsern mit Kräutern: garantiert stressfreies Grün!

TIPP

Düngen: Jeder Schnitt entzieht dem Rasen Nährstoffe, die zwei- bis dreimal jährlich ersetzt werden sollten. Bewährt haben sich organisch-mineralische und auch Langzeit-Rasendünger, die sofort und etwa drei Monate lang wirken. Ausgebracht werden sie (ein bis zwei Tage nach dem Mähen) auf den trockenen Rasen, besonders lazy und gleichmäßig geht's mit dem Streuwagen.

Rasen bedankt sich für zeitweiliges Düngen mit saftigem Grün.

Mulchen

So bedeckt sich der Garten gern

Wohlklingend ist das Wort ja nicht gerade, aber dessen ungeachtet hat Mulch nur positive Eigenschaften: Unter Mulch versteht man organische (pflanzliche) Masse, die noch nicht verrottet, also noch nicht zu Erde geworden ist. Es kann sich um kurzen Rasenschnitt, gehäckselte Zweige oder Staudenabfälle handeln. Eine Mulchschicht hält den Boden feucht, locker, lebendig und hemmt den Unkrautwuchs. Es gibt auch fertig aufbereitetes Material zu kaufen: Rindenmulch, also gehäckselte Rinde.

Mulchmaterial aus dem eigenen Garten wird in einer ungefähr zehn Zentimeter starken Schicht aufgebracht. Bei Rindenmulch genügt schon eine etwa zwei Finger starke Lage. Vorher je Quadratmeter etwa 100 Gramm Hornspäne ausbringen, da Rindenmulch häufig Stickstoffmangel zur Folge hat, erkennbar am gelben Laub.

Unter **Gehölzen** – ob Ziersträucher oder Hecke – wird gleich nach der

1. **Schnittgut** von Gehölzen fällt in jedem Garten an und wird am besten im eigenen Garten verwertet.

2. – 3. **Häcksler** machen zwar meistens Krach, zerkleinern aber das Gezweig zu kleinen Stückchen.

4. **Gehäckseltes** ergibt ein erstklassiges Mulchmaterial zum Abdecken des Bodens in Pflanzungen.

Pflanzung gemulcht. Das An- und Weiterwachsen wird dadurch erheblich begünstigt. Besonders in trockenen Sommern erspart eine Mulchdecke allzu häufiges Wässern.

Bei **Rosen** bewährt sich das Mulchen ebenfalls, vor allem in trockenen Gebieten: Kurzer Rasenschnitt oder Stroh – auf den Boden aufgebracht – reduziert auch hier den Gießaufwand beträchtlich.

Zwischen **Stauden** bietet Häcksel- und Rindenmulch den ästhetischen Vorzug, dass er die Pflanzung mit einer gleichmäßig dunkelbraunen Schicht unterlegt, während Grasschnitt verrottet und dann grau und unansehnlich wird. Achtung: Die Pflanzstellen müssen frei bleiben, das Mulchmaterial darf die Stauden nicht »zudeckeln«.

Für **Obstbäume** gilt: Baumscheiben der Hochstämme mit Grasschnitt oder Häckselgut abdecken, bis die Bäume nach einigen Jahren so weit gekräftigt sind, dass der anfangs unerwünschte Rasen ruhig bis an den Stamm heranwachsen darf. Bei Spindelbüschen (Zwergbäumen), die ein geringes und sehr flach streichendes Wurzelwerk entwickeln, ist das Mulchen zeitlebens von Vorteil, auch noch in den Jahren nach der Pflanzung. Die Bäumchen wachsen dann sichtbar flotter und brauchen auch bei längerer Trockenheit kaum gewässert zu werden. Gleiches gilt für **Strauchbeerenobst**, denn bei Johannis- und bei Stachelbeeren befindet sich die Hauptwurzelmasse dicht unter der Erdoberfläche.

Kurzer Rasenschnitt ist ideal zum Mulchen.

Bei **Himbeeren** verhindert eine Mulchauflage nicht nur das rasche Austrocknen des Bodens, sondern schafft auch ein günstiges Milieu, das die häufig auftretende Rutenkrankheit in Schach hält.

Im **Gemüsegarten** reduziert das Mulchen die lästige Gießarbeit. Zucchini und Gurken lieben eine solche Bodendecke ganz besonders. Aber vor allem bei Tomaten, die ein flaches, reich verzweigtes Wurzelwerk entwickeln, lohnt sich das Mulchen: Während normalerweise an heißen Sommertagen täglich gewässert werden muss, damit die Pflanzen nicht schon am frühen Nachmittag schlappmachen, genügt es dann, die Mulchschicht zweimal wöchentlich gründlich und durchdringend zu gießen – mit etwa zwei Gießkannen Wasser pro Quadratmeter. Der Effekt: Nicht nur die Mulchschicht wird durchfeuchtet, sondern zugleich auch der darunter liegende Boden.

Mulch aus Stroh hält den Boden feucht und die Erdbeeren trocken.

TIPP

Wohin mit dem Rasenschnitt?

Abgeschnittenes Gras lässt sich zwar auf dem Komposthaufen deponieren, aber nur in Maßen: Rasenschnitt verfilzt, verschimmelt und verfault ziemlich leicht. Besser: Rasenschnitt als Mulchmaterial verwenden, und zwar unter Beerenobst-Sträuchern, kleinen Obstbäumen und Ziergehölzen sowie im Gemüsebeet.

Wässern

So regnet's, wenn es wirklich soll

Wer engen Kontakt zu seinen Pflanzen sucht, wird zur guten alten Gießkanne greifen. Beim gemächlichen Defilee, Schritt für Schritt am Beet entlang, lernt man ganz nebenbei die Bedürfnisse der einzelnen Pflanzen kennen: Solche mit breiten, saftig-grünen Blättern haben so gut wie immer Durst. Gewächse mit graufilzigen und schmalen Blättern erweisen sich dagegen als wahre Durstkünstler.

Wer es gut meint und Tag für Tag, aber jeweils nur spärlich wässert, handelt erstens alles andere als lazy und tut zweitens den Pflanzen keinen wirklichen Gefallen: Das Wasser dringt nur oberflächlich ein und verdunstet gleich wieder – besonders ungünstig bei Rosen, weil andauernd befeuchtete Blätter für Pilzbefall anfällig werden. Die besten Tageszeiten fürs Wässern: der frühe Morgen und der Abend.

Ein Wort zur Wassermenge: Wenn man schon gießt, dann gründlich

1. – 2. Tropfbewässerung vertritt den Gärtner während dessen Abwesenheit. Erdspieße fixieren die Pipeline im Boden, die Düsen geben das Wasser sparsam und kontinuierlich an die Pflanzen ab. Eine Zeitschaltuhr regelt den Zulauf nach eingestelltem Programm.

3. Sprühregner verteilen den Niederschlag als feinen Wasserschleier. Die beregnete Fläche lässt sich mit einem Regulierventil variieren.

(20–30 l/m²). Echt lazy: Dann ist erst mal wieder tagelanges Pausieren angesagt.

Automatische Bewässerung erleichtert die tägliche Gießarbeit ganz erheblich. Im Handel werden dazu verschiedenste Systeme angeboten. Die Palette reicht vom porösen Schlauch bis zur Tröpfchen- oder Sprühregner-Bewässerung, die sogar per Computer steuerbar ist. Als Schlauchleitung wird sie im Beet verlegt und einfach an den Wasserhahn angeschlosen. Das ist nicht nur lazy, son-

Ein Unterbrecher am Gießstab erspart ständiges Auf und Zu am Hahn.

dern spart obendrein auch Wasser, denn die Pflanzen werden direkt dort versorgt, wo sie das kostbare Nass benötigen.

Mehr Handarbeit

erfordert dagegen das klassische Gießen mit der Gießkanne. Ein Tipp aus der Praxis: Darauf achten, dass die Kanne eine ovale Form hat, sodass sie sich in bequemer Haltung am Körper tragen lässt. Kannen in Zylinderform, also mit rundem Querschnitt, mögen nostalgisch aussehen, strengen aber beim Tragen an. Eine flache Aktentasche trägt sich ja auch leichter als ein bauchiger Einkaufskorb.

Bequemer ist natürlich der Umgang mit dem Schlauch. Damit jeweils nur ein kurzer Schlauch ausreicht, sollte man von vornherein mehrere Wasserhähne – im ganzen Garten verteilt – anlegen lassen. Wenn es nur wenige Anschlussstellen gibt und ein einziger Schlauch durch die Gegend geschleppt werden muss, wird's mühsam: So ein Schlauchmonster ist schwer und bürstet bei unachtsamen Manövern das halbe Staudenbeet nieder.

Attraktion der Extraklasse: die **Pipelines**, die lange Leitung des Gärtners. Im Do-it-yourself-Verfahren werden Wasserrohr und Steckdosen im Boden verlegt, an die dann mit einem raffiniert simplen Stecksystem die Regner und Schläuche angeschlossen werden können. Die Steckdosendeckel müssen bündig im Boden liegen, damit der Rasenmäher sie nicht abrasiert. Pipelines lassen sich mit Leitungswasser speisen, aber auch mit Wasser aus der Regentonne, das von einer Pumpe in Bewegung gesetzt wird. Regner ersparen Arbeit, weil man sie – echt lazy – sich selbst überlässt. Ihr Terrain ist der Rasen, aber auch der Gemüse- und der Staudengarten.

TIPP

Automatische Bewässerungssysteme, wie sie heute vom Handel in vielerlei Varianten angeboten werden, sorgen für eine exakt dosierte Wasserzufuhr, solange der Gärtner seinen Jahresurlaub nimmt. Ein anfänglicher Probelauf – wie mit einer neuen Kamera – bewahrt vor unliebsamen Überraschungen bei der Rückkehr.

Tropf-Blumat

heißt eine schlichte Automatik für Balkonkästen, aber auch für Kübelpflanzen und große Töpfe. Diese bewährte Tröpfchenbewässerung bringt das Nass gezielt an die Pflanzen – mäßig, aber regelmäßig. Als Sensor dient ein Tonkegel, der Wasser nachliefert, wenn die umgebende Erde trocknen wird.

1. – 2. **Die Tropfkegel** bringen genügend Feuchtigkeit gezielt zu den Wurzeln der Pflanzen.

Düngen

So hilft man jedem Boden auf die Sprünge

Dünger gibt's flüssig, in Form von Stäbchen und als Granulat.

Eine Pflanze nimmt die für ihr Wachstum notwendigen Nährstoffe in sich auf, entzieht sie also der Erde. So kommt es zu einer allmählichen Verarmung des Bodens, zumal Regen- und Schmelzwasser weitere Nährstoffe auf Nimmerwiedersehen in tiefere Schichten auswaschen. Also muss Ersatz her. Sonst bleibt das Wachstum der Pflanzen eines Tages einfach stehen. Fahlgelbe Blätter und stockendes Wachstum zum Beispiel verstehen sich als Notsignal: »Hilfe, ich brauche Stickstoff!«.

Um fehlende Nährstoffe zu ersetzen, wird gedüngt, und zwar organisch oder mineralisch – aber bitte nicht nach dem Motto »Viel hilft viel«. Im Gegenteil: Überdüngung wirkt sich fast so schlimm aus wie Nährstoffmangel. Ein Überangebot an Stickstoff zum Beispiel lässt die Pflanzen zu mastig wachsen, macht sie anfälliger für Krankheiten und verschlechtert den Geschmack von Gemüse.

TIPP

Eine Bodenuntersuchung zeigt ganz genau, was dem Boden fehlt oder welche Nährstoffe im Überschuss vorhanden sind. Beim Gartenbauamt kann die Adresse der nächsten Untersuchungsstelle erfragt werden, an die man die Bodenprobe schickt. Eine Analyse mitsamt Düngeempfehlung kostet etwa 15 Euro.

1.–2. **Hornspäne** sind ein organischer Dünger, der als langsam fließende Stickstoff-Quelle dient. Er wird der Erde bei der Pflanzung beigemischt.

3.–4. **Langzeitdünger** sind echte Lazy-Dünger: In Form von Düngekegeln empfehlen sie sich besonders für Kübelpflanzen, als Granulat für Rosen, Stauden und Sommerblumen. Die Wirkung hält je nach Typ vier bis sechs Monate an.

Am bequemsten sind Volldünger auf organischer Basis, die alle von der Pflanze benötigten Nährstoffe enthalten. Ebenso können mineralische Volldünger, so genannte **Blaudünger** (auch als Blaukorn bezeichnet), verwendet werden. Allerdings zeichnen sich Gartenböden vielfach durch ein Übermaß an Phosphat aus; in solchen Fällen sollten besser Einzeldünger verwendet werden, die – genau auf den Appetit der betreffenden Pflanzen abgestimmt – die fehlenden Nährstoffe enthalten. Langsamer als die mineralischen wirken

Dünger auf organischer Basis, weil ihre Nährstoffe den Pflanzen nicht unmittelbar zur Verfügung stehen, sondern von den Kleinstlebewesen im Boden erst aufgeschlossen werden müssen.

Langzeitdünger

gibt es auch unter den mineralischen Produkten. Je nach Temperatur und Feuchtigkeit geben sie eine auf den Bedarf der Pflanze abgestimmte Nährstoffmenge ab, und zu den gefürchteten Auswaschungsverlusten oder einer erhöhten Salzkonzentration im Boden kann es gar nicht erst kommen. Die Wirkung solcher Langzeitdünger hält drei bis sechs Monate an. Wer also im Frühjahr, zu Beginn der Vegetationszeit, damit düngt, hat bis zum Herbst seine Ruhe – absolut lazy!

Für Kompostgaben zeigen sich Pflanzen besonders dankbar, verbessern sie doch ihre Widerstandskraft gegen Krankheiten und Schädlinge. Ein Eimer Komposterde genügt im Allgemeinen für zwei bis drei Quadratmeter, das Material wird nur oberflächlich eingebracht. Zu tief untergegrabener Humus wäre für die Pflanzen unerreichbar.

Bei Blumen und Stauden-Pflanzungen genügt meist eine Kompostgabe im Frühjahr ohne zusätzliche mineralische Düngung. Lediglich bei Beetstauden wie Rittersporn, Pfingstrosen, Sonnenbraut, Sonnenauge und anderen sorgt eine zusätzliche Volldüngergabe dafür, dass sie sich zu prächtigen Gestalten entwickeln.

1

2

Ein gestörtes Wachstum

ist oftmals mit bloßem Auge zu erkennen – ohne dass es einer Bodenuntersuchung bedarf: Die Pflanzen wollen einfach nicht durchstarten, sondern quälen sich mickrig dahin. Wo sie aber kräftig sprießen und blühen, wollen sie keinen Dünger, sondern nur ab und zu etwas Kompost. Die in diesem Buch mehrfach empfohlenen Stauden für halbschattige Lagen bekommen ausschließlich Kompost. Sie sind so anspruchslos, dass ihnen schon das herabfallende Laub der Bäume weitgehend genügt.

1. – 2. Markierungen auf einem Becher erweisen sich als praktisch, damit man die Düngermenge pro Quadratmeter nicht jedes Mal mit einer Briefwaage abwiegen muss.

Beetstauden belohnen eine zusätzliche Düngung mit reicher Blüte.

Kompostieren

So produziert der Garten eigenen Dünger

Gartenabfälle gehören nicht einfach in die Biotonne. Umgewandelt in fruchtbaren Kompost, ergeben sie nicht nur einen hervorragenden Dünger, sondern sorgen sogar in schweren, leblosen Böden für gute, krümelige Struktur.

Außer dem Garten ist die Küche ein wichtiger Lieferant für das Ausgangsmaterial, denn alles Organische – Kartoffel- und Apfelschalen, Kaffeefilter, grüne Gemüseabfälle – lässt sich kompostieren.

In größeren Gärten kann man den Haufen frei aufsetzen, ansonsten wird man einen Behälter wählen, der vor allem für genügend Luftzufuhr sorgt.

Den besten Platz findet ein Komposthaufen im lichten Schatten eines Baumes, aber nicht an der Nordseite des Hauses. Dort ist es vor allem im Frühjahr und Herbst zu kühl, sodass die Rotte viel zu langsam ablaufen würde .

1.–2. **Organische Abfälle** aus Garten und Haushalt eignen sich gut zum Kompostieren.

3. **Überbrausen** mit Wasser begünstigt die Zersetzung.

4. **Fruchtbare Komposterde** fördert die Bodengesundheit und damit das Wachsen und Gedeihen der Pflanzen.

Schnellkomposter

Ungeduldige Gärtner und solche, die keinen Platz für einen gängigen Komposthaufen haben, können stattdessen einen Behälter aufstellen. Darin verwandelt sich das organische Material ebenfalls in erstklassigen Humus – und das sogar im Eiltempo.

Im Kompostbehälter werden die Gartenabfälle genauso geschichtet wie auf einer »richtigen« Miete: Jede etwa 20 cm starke Schicht wird erst mit kohlensaurem Kalk überpudert und dann organischer Dünger (etwa vier Hand voll pro m²) zugegeben. Der Dünger füttert die Rottebakterien und reichert das Material mit Nährstoffen an. Auf die allererste Schicht kommt als Starthilfe etwas Gartenerde oder bereits fertiger Kompost. Eine solche »Impfung« mit Bakterien bringt den Vorgang auf Trab. Nicht vergessen: Jede Schicht gut einwässern.

In den wärmegedämmten Thermo-Kompostern verläuft die Rotte besonders rasch. Es kommt zu einer Heißverrottung unter Luftabschluss. Der Prozess entwickelt ganz von sich aus Temperaturen bis zu 70 °C und liefert schon nach kurzer Zeit verwertbare Humuserde.

1. **Einfüllen** von Küchen- und Gartenabfällen.
2. **Nach kurzer Zeit** (einige Monate) ist das Material angerottet.
3. **Fertig zur Entnahme.**

TIPP

Wohlgeruch zeichnet guten Kompost aus: Wenn er angenehm und nicht faulig riecht, handelt es sich um 1 A Qualität. Sauerstoffzufuhr, Feuchtigkeit und Wärme sind Voraussetzungen für eine gute Rotte, andernfalls kann es zu Fäulnis kommen. In zu kleinen Behältern trocknet das Material leicht aus, in zu großen mangelt es bisweilen an ausreichendem Luftzutritt.

Luftlöcher sorgen für Sauerstoffzufuhr. Rechts ein Thermo-Komposter.

Schneiden

So bleiben Stauden jahrelang in Form

Beim Frauenmantel sorgt Rückschnitt für frischen Austrieb.

Es erspart der Pflanze viel Kraft, wenn man die verblühten Teile abzupft oder abschneidet, denn sonst würde sie ihre Energie in die Samenbildung investieren. Außerdem sieht Verblühtes nicht sonderlich attraktiv aus. Das gilt zum Beispiel für Frauenmantel, Garten-Iris, Mädchenauge, Sonnenbraut, Sonnenauge, Goldrute, Sonnenhut, Goldgarbe, Sommermargerite und Herbstaster.

Bei Lupinen bringt ein Rückschnitt der verblühten Teile eine zwar geringere, aber immerhin eine zweite Blüte hervor. Gleiches gilt für Feinstrahlastern: Sie werden im Juli (nach dem völligen Abblühen) bis dicht über dem Boden heruntergeschnitten, sodass nur die bodennahen grünen Blätter verbleiben. Dann ist für Oktober/November mit einer zweiten Blüte zu rechnen. Nimmt man bei Salbei die verblühten Teile weg, entstehen bald ebenfalls neue Blüten, die oft bis zum Herbst hin anhalten. Die Sorte 'Blauhügel', die während der Blüte ein Samtkissen von etwa einem Meter Durchmesser bildet, entfaltet aus ihrer Mitte einen neuen (wenn auch kleineren) Hügel mit unzähligen dicht an dicht stehenden Blüten; dazu muss man nur die abgeblühten Teile, die sich auf den Boden legen, im Juli/August entfernen.

So blüht Rittersporn ein zweites Mal: Nach der ersten Blüte stark zurückschneiden.

Wahre Wunder bewirkt ein Rückschnitt zum Beispiel beim Rittersporn: Gleich nach der Blüte auf etwa Handhöhe gestutzt, treiben die Pflanzen erneut aus und lassen ihre zahlreichen Blütenkerzen wiederum im September/Oktober leuchten – je nach Sorte in verschiedenen Blautönen. Mit gut einem Meter erreicht diese zweite Blüte zwar nur ungefähr die halbe Höhe der ersten, das hat aber den Vorteil, dass die Kerzen auch bei stärkerem Wind oder Regen standhaft bleiben. Und das begehrte Blau hält so auch zu später Jahreszeit Einzug im Garten. Nach dem Rückschnitt auf Schnecken achten, sie lieben das junge zarte Grün.

Gräser werden am besten im Frühjahr vor dem Austrieb geschnitten.

Bei Phlox besteht der Trick darin, einen Teil der Blütendolden auszukneifen, solange sie noch Knospenform haben: Es entstehen dann aus den Blattachseln neue Blüten, die erst mehrere Wochen später zur Entfaltung kommen, rosa, lila und rote Töne in die Pflanzung bringen und die Blütezeit bis in den Spätsommer hinein verlängern. Eine andere Möglichkeit: Jeweils die vordere Hälfte größerer Phlox-Horste normal blühen lassen, bei den hinteren Trieben die Blüten im Knospenzustand abzwicken. Dadurch ergeben sich scheinbar zwei Phlox-Pflanzen, wobei die vordere im Juli/August blüht, die hintere bis in den September/Oktober hinein.

Beim herbstlichen Rückschnitt werden die Beetstauden dicht über dem Boden abgeschnitten, gehäckselt oder mit der Schere zerkleinert und kompostiert. Bei Arten, die nach der Blüte unschön aussehen – zum Beispiel Tränendes Herz und Türkenmohn –, ist ein Rückschnitt gleich nach der Blüte das Gegebene, aber nicht lazy. Besser ist es, diesen Stauden – wie in den Pflanzplänen vorgesehen – Plätze mehr im Hintergrund zuzuweisen, wo sie dann bald nach ihrem Abblühen von höher wachsenden Arten unsichtbar gemacht werden. Die Blätter können dann in aller Ruhe vergilben, ohne den Anblick zu stören.

TIPP

Im Winter sehen Gräser ausgesprochen attraktiv aus – gerade bei Raureif oder Schnee. Also werden sie erst im Frühjahr in Bodennähe abgeschnitten. Gleiches gilt für wintergrüne Farne und für Stauden, deren Fruchtstände im Winter den Garten beleben, zum Beispiel Astilben, Hohe Fetthenne, Königskerzen und Fackellilien.

Erstaunlich lazy geben sich auch die Taglilien, für die überhaupt nichts zu tun ist. Die Blätter können im Herbst in sich zusammenfallen und verrotten. Die Pflanzen treiben trotzdem im Frühjahr aus, als sei nichts gewesen, und blühen wie eh und je.

Noch ein Wort zum Aussamen: Es gibt Arten (Beispiele: Phlox, Goldrute, Herbstaster), deren Sämlinge keine Freude machen; da hilft nur ein Schnitt. Einige Stauden dürfen sich aber liebend gern aussamen, zum Beispiel Fingerhut, Akelei und Königskerze: Deren Sämlinge entwickeln sich an Stellen, die ihnen behaglich sind, zu echten Prachtexemplaren, die dem Garten einen Hauch von Romantik geben.

Bodendecker wie Immergrün, Haselwurz, Fetthennen-Arten, Wollziest, Günsel, Pfennigkraut, Golderdbeere sowie Polsterstauden, die auch den Winter über grün bleiben (Schleifenblume, Gänsekresse, Steinbrech-Arten, Polsterphlox, Zwerg-Iris, Steinkraut und Polsternelken) werden generell nicht geschnitten. Sie überwintern so, wie die Natur sie geschaffen hat, und sind im folgenden Frühjahr gleich wieder zur Stelle.

Überraschende Einladung: Ein Strauß frisch aus dem Garten macht bestimmt Freude.

Gehölze schneiden

Wer's lazy mag, erspart sich schon bei der Pflanzung eine Menge Arbeit: Stehen die Gehölze von vornherein in ausreichend großen Abständen, entwickeln sie sich ohne Bedrängnis zu ihrer natürlichen Größe und Schönheit – und brauchen keinen Schnitt.

Schere und Säge kommen gelegentlich

beim Auslichten der Ziersträucher zum Einsatz, die als Sichtschutz an der Grundstücksgrenze stehen, und zwar erstmals frühestens fünf Jahre nach der Pflanzung. Dann müssen alte und allzu dichte Triebe dran glauben. Sie geben sich am dunkleren Holz zu erkennen und werden entweder bodeneben zurückgestutzt oder bis zu den Jungtrieben eingekürzt. Aber bitte etwas feinfühliger als beim Rasenmähen: nicht alles auf Einheitshöhe rasieren, sondern mit Rücksicht auf die natürliche Wuchsform.

Größere Bäume wollen generell ihren Frieden und sind nur dann für einen Schnitt dankbar, wenn – zum Beispiel durch Schneedruck oder Sturm – ein Ast abgeschlitzt ist. Auch auf die Straße überhängende Zweige müssen eventuell eingekürzt werden – und zwar oft bis zurück zum Stamm, damit sie nicht gleich wieder stören.

1. – 2. Forsythien und andere Frühjahrsblüher nach der Blüte auslichten. Dabei alte Triebe direkt am Boden entfernen oder auf jüngere Verzweigungen einkürzen. So bleibt die natürliche Wuchsform erhalten.

3. – 4. Zu groß gewordene Gehölze lassen sich während der Winterruhe verjüngen, das heißt bis ins alte Holz hinein zurückschneiden.

Rosen schneiden

An den vorjährigen Trieben bilden sich Knospen, die im Frühjahr austreiben und jene Blüten hervorbringen, die von Juni bis in den späten Herbst für reichen Flor sorgen. Ein Schnitt stimuliert auch alle übrigen Knospen zu einem kräftigen Austrieb im Frühjahr.

Beetrosen im Frühjahr kurz vor dem Austrieb kräftig zurückschneiden.

Schon bei der Pflanzung verlangen Rosen – ob Beet-, Edel-, Strauch- oder Kletterrosen – einen beherzten Rückschnitt bis auf etwa Handhöhe. Ebenfalls bis auf Handhöhe werden die Wurzeln eingekürzt, denn sie sollen sich im Pflanzloch auf keinen Fall verbiegen. In den Folgejahren ist es bei Beet- und Edelrosen kurz vor dem Austrieb Zeit für einen Schnitt, also etwa Ende März/Anfang April. Entfernt werden dürre, vertrocknete Triebe und solche, die schwächer sind als ein Bleistift. Die übrigen werden auf eine Länge von 20–30 cm zurückgeschnitten. Bei Kletter- und Strauchrosen genügt es, lediglich alte, zu dichte Triebe auszulichten und erfrorene Teile zu entfernen.

So blühen Rosen bis zum Herbst: Verblühtes immer wieder ausschneiden.

Bei Strauch- und Kletterrosen ab und zu alte Triebe entfernen.

TIPP

Wildtriebe sind bei Beet- und Kletterrosen von Übel, rauben sie diesen doch viel Lebenskraft. Wildtriebe – erkennbar am helleren Grün ihrer Blätter – sprießen gelegentlich aus dem Boden und wachsen stärker als die gepflanzte Sorte. Wie stellt man diese Triebtäter? Boden aufgraben und den Wildtrieb dicht am Ansatz abschneiden oder abreißen.

Wesentlich ist der Rückschnitt während der Blütezeit im Sommer: Alles Verblühte wird mitsamt zwei Laubblättern abgeschnitten – ganz gleich, ob es sich um Einzelblüten oder Büschel handelt. Das begünstigt ein weiteres Blühen, weil sich andernfalls Hagebutten bilden würden. Damit hätte die Rose ihr Ziel erreicht, mit Samen die eigene Fortpflanzung zu sichern, und nun keinen Grund mehr, sich weiterhin mit Blüten zu schmücken.

Im Herbst lassen sich Beet- und Edelrosen bis auf etwa Kniehöhe zurückschneiden – und zwar rein aus optischen Gründen. Der eigentliche Rückschnitt steht erst im Frühjahr auf dem Programm.

Hecken schneiden

Wenn sie weiterhin dicht und grün sein soll, erwartet eine Hecke als Gegenleistung ab und zu eine Art Friseurbesuch. Der Job als Barbier kann mitunter – schnittiges Gerät vorausgesetzt – sogar zur gärtnerischen Lieblingsbeschäftigung werden.

So wird die Hecke dicht: Rückschnitt im Sommer nach der Pflanzung.

Auf einzelne Blättchen oder Zweige braucht der Gärtner beim Schneiden der Hecke nicht groß zu achten, Heckenpflanzen sind hart im Nehmen. Ob es sich um eine langstielige Heckenschere handelt, die von Hand bedient wird, oder um ein motorbetriebenes Gerät: Mit zügigem Schnippschnapp oder schneidigem Geratter gewinnt die grüne Wand wieder jene konische Form – unten etwas breiter als oben –, die sie zu einer dichten Hecke macht.

Bei aller Euphorie über den flotten Fortgang der Arbeit darf der Gärtner nicht versäumen, ab und zu ein paar Schritte zurückzutreten und sich das Resultat seines Wirkens kritisch anzusehen. Das Geäst sieht nach so einem Eingriff erst einmal gerupft aus, erholt sich aber schon nach kurzer Zeit wieder.

Für eine Hecke, die Einblicke abwehren soll, genügt bereits Augenhöhe – ungefähr 1,70 m. Höhere Hecken erfordern nicht nur wesentlich mehr Schnittarbeit, sondern lassen das Grundstück optisch kleiner wirken.

Kurzen Hecken wird man mit einem Schnitt nach bloßem Augenmaß gerecht. Bei langen Hecken sollte man zwecks gleichmäßiger Schnitthöhe besser eine Schnur spannen. Am besten von unten nach oben schneiden, damit der Schnittabfall direkt zu Boden fällt; bei umgekehrter Vorgehensweise würde er sich im Gezweig verfangen.

Wichtig für die Hecke: Sie sollte unten etwas breiter sein als oben. Nur dann bekommen auch die unteren Partien genügend Licht, sodass sich die Hecke unten ebenso dicht entwickeln kann wie oben.

Konischer Schnitt sorgt für gleichmäßig dichtes Grün.

Kurze Hecken kann man nach Augenmaß schneiden, lange besser mit Schnur.

Laubgehölz-Hecken

Laubgehölz-Hecken von Hainbuche, Kornelkirsche, Feldahorn, Liguster, Berberitze, Alpen-Johannisbeere werden am besten nach Ende des Frühjahrstriebes – also im Juli – und nochmals während des Winters geschnitten. Wer es mehr lazy möchte und sich von staksigen Trieben nicht gestört fühlt, schneidet nur einmal scharf zurück, und zwar erst im August.

Bester Termin eines winterlichen Schnitts ist kurz vor dem Austrieb, damit dieser nicht allzu kräftig ausfällt: Wird nämlich mit diesem Trick ein Teil des schon in die Zweige aufgestiegenen Saftstroms mit entfernt, stellt sich der Austrieb gebremst und nur zögernd ein.

Der umgekehrte Fall: Hat man eine noch junge Hecke und will sie dazu ermutigen, rasch an Höhe zu gewinnen, dann wird man den winterlichen Schnitt möglichst frühzeitig ansetzen – also schon im November/Dezember.

Thujen und andere immergrüne Gehölze (Eibe, Buchs) brauchen grundsätzlich nur einmal geschnitten zu werden, üblicherweise im August/September. Es kommt dann in dem betreffenden Jahr kaum zu einem weiteren Austrieb – erst wieder im folgenden Frühjahr.

Verjüngen

Verjüngen erhält die Freundschaft: Sollte eine Hainbuchenhecke im Lauf der Jahre zu hoch oder zu breit geworden sein, lässt sie sich problemlos verjüngen. Wir können sie im Winterhalbjahr sowohl in der Höhe als auch in der Breite kräftig ins alte Holz zurückschneiden. Dafür kommt eine Astschere oder Säge zum Zuge. Je früher im Winter diese Arbeit ansteht, desto stärker fällt der Austrieb im nächsten Jahr aus – und umgekehrt. Ebenso können Feldahorn, Liguster und Kornelkirsche wieder in die gewünschte Form gebracht werden. Auch Eibe und Buchs reagieren nach kräftigem Rückschnitt mit frischem Austrieb – bei der Eibe geht's flott, beim Buchs dauert's etwas länger.

Anders bei der Thuje, die sich nicht zum Verjüngen eignet. Sie reagiert auf jegliche Beschattung und wird dann im Innern kahl. Solche kahlen Triebe zeigen keine Neigung zum Neuaustrieb. Das Rezept: beim Schnitt im Spätsommer möglichst so weit zurückgehen, dass die Hecke nur noch einen grünen Schimmer zeigt. Das bereits vorhandene, lediglich zu einer dünnen Schicht abgeflachte Grün bildet weiterhin die Wand der Hecke. Insgesamt aber wird verhindert, dass sie im Lauf der Jahre zu breit und zu hoch wird, zumindest dauert dies dann wesentlich länger.

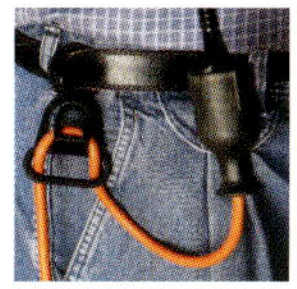

Gegen Kabelsalat helfen Schlaufen und Gürtellaschen. Sie verhindern ein Durchschneiden des Kabels.

Sollte eine zu breit gewordene Thujenhecke den Garten bedrängen, dann gibt's einen Kniff: Die Hecke bis fast zu den Stämmen zurückschneiden und Efeu an dem Holz-Skelett emporranken lassen. So bildet er seinerseits eine grüne Wand, die auch im Winter als Sichtschutz dient.

Mit einer Astschere klappt das winterliche Verjüngen echt lazy.

Winterschutz

So wird der Frost nie zum Problem

Stauden stellen kaum Ansprüche an den Winterschutz. Alle Arten, die wir in den Gestaltungen verwenden, kommen ohne aus. Nur bei der Fackellilie werden die Blätter schopfartig zusammengebunden, mit Laub umschüttet und mit ein paar Fichtenzweigen beschwert. Sie muss weniger vor Kälte als vor der Winternässe geschützt werden.

Rosen brauchen zwar Winterschutz, aber wir gehen die Frage ganz lazy an: **Beet- und Edelrosen** werden im November, spätestens jedoch zu Beginn der Frostperiode handhoch angehäufelt: Erde aus der unmittelbaren Umgebung an die Rose heranziehen oder auf je drei Rosen einen Eimer Komposterde oder Pflanzerde schütten. Wenn dieses Material im nächsten Frühjahr auf dem Beet verteilt wird, ist der Boden bereits mit Humusstoffen versorgt. Das Anhäufeln ist der wichtigste Schutz vor Kälteschäden – neben dem bereits erwähnten Tieferpflanzen. **Kletter- und Strauchrosen** werden mit Fichten- oder Tannenzweigen ebenfalls im November locker abgedeckt. Dabei geht es nicht um die Kälte, sondern um den Schutz vor winterlicher Sonne und um Windschutz. Bei **Rosenstämmchen** biegt man die Krone zu Boden und deckt sie mit Erde ab. Ist der Stamm nicht mehr biegsam, wird die Krone mit Fichtenzweigen ausgestopft und eingehüllt.

Gräser und die meisten Stauden kommen ohne Winterschutz aus.

Bester Wintersch… Beetrosen werden ein… angehäu…

Kübelpflanzen

Echt lazy sind nur solche Arten,

die nicht mit Ach und Krach in ein Winterquartier geschleppt, sondern lediglich auf der Terrasse etwas eingemummt werden müssen, um bitterer Kälte zu trotzen.

Gar kein spezielles Quartier zum Überwintern brauchen Rosen und andere Gehölze in großen Gefäßen. Damit sie nicht von den wärmenden Strahlen der Wintersonne getroffen und so zu vorzeitigem Austreiben angeregt werden, beziehen sie im Herbst ein halbwegs schattiges Eckchen. Sie werden eingemummt, damit ihnen der ständige Wechsel von Auftauen und Wiedergefrieren erspart bleibt. Dazu packt man die Kübel in eine im Handel erhältliche Isolierfolie (Noppenfolie) ein. Diese lässt man am Topfrand überstehen und bindet sie am Stamm zusammen. Andere Möglichkeit: Man stellt den Kübel in einen noch größeren Behälter und füllt den Zwischenraum mit Laub auf. Dabei an Wasserabzugslöcher denken – es darf sich keine Feuchtigkeit stauen.

Jetzt aber die Lazy-Variante: Alle Töpfe und Kübel eng zusammenstellen, kniehoch mit Laub umschütten und einige Tannenzweige darüberlegen, damit das Laub nicht fortgeweht wird.

Die größte Gefahr für das Wohl und Wehe der Kübelpflanzen bringt erst der Januar/Februar mit sich, wenn die Sonne schon wieder merklich mehr Kraft hat. Für den Winterschutz ist es dann noch nicht zu spät, im Gegenteil: Die Zweige des ausgedienten Weihnachtsbaumes finden als Abdeckmaterial eine sinnvolle Verwendung. Stammrosen als Kübelpflanzen sind dankbar, wenn auch ihre Kronen mit Jute oder Tannenzweigen eingehüllt werden – bitte niemals in Folie: Sie wirkt wie ein Glashaus.

1. – 2. Kokosmatten
Kübel eng umwickeln, dann fest verschnüren.

3. Folie oder Schaumstoff
Kübel leger ummanteln, die Zwischenraum mit trockenem Laub auffüllen.

Nutzgarten

So wird die Ernte zum frischen Genuss

Nicht zu dicht säen, damit sich die Jungpflanzen kräftig entwickeln.

Gemüsebeete verlangen bei der Anlage ein wenig Aufmerksamkeit. Sobald die Bodenoberfläche abgetrocknet ist, also im März/April, wird sie mit dem Krail oder Kultivator gelockert und mit einer Harke (Holz- oder Eisenrechen) glatt gezogen. Dann Beet für Beet abstecken; in kleineren Gärten wird man aus gestalterischen Gründen eine Breite von höchstens einem Meter wählen, andernfalls etwa 1,20 m. Jetzt wird eine Schnur gespannt und daran entlang ein Weg von etwa 30 cm Breite abgetreten – so oft, bis die Gemüsefläche unterteilt ist. Die Beete werden mit Kompost oder anderen organischen Stoffen, anschließend bei Bedarf noch mit stickstoffhaltigem Dünger (Mengenangabe auf der Packung) überstreut. Mit einem Ziehgerät nur oberflächlich einbringen, damit die Stoffe für die Pflanzenwurzeln erreichbar bleiben.

Danach kann gesät oder gepflanzt werden. Wer auf geradlinige Reihen Wert legt, spannt dazu eine Schnur. Kopfsalat und Sellerie zum Beispiel sollten sehr flach gepflanzt werden, Lauch (Porree) dagegen recht tief, damit sie möglichst lange gebleichte Schäfte hervorbringen. Auch Tomaten können unbedenklich tiefer gepflanzt werden, denn sie entwickeln aus ihren Stängeln zusätzliche Wurzeln. Nach diesen vorbereitenden Arbeiten werden die Pflanzen mit Gießkanne oder Schlauch angegossen. Wenn es während der Kultur eine

1. **Beet einebnen** mit Holz- oder Eisenrechen.
2. **Kompost und Dünger** sorgen für guten Start.
3. **Gemüse einsetzen,** am besten mit Pflanzholz oder Handschaufel.
4. **Angießen,** damit die Pflänzchen Fuß fassen.

TIPP

Heutzutage werden Gemüsepflanzen auf den Märkten vorwiegend mit Wurzelballen angeboten. Die sind zwar etwas teurer, haben aber gegenüber solchen ohne Ballen einen eindeutigen Startvorteil: Sie können nach dem Auspflanzen sofort weiterwachsen, sogar bei trockener Witterung.

Zeit lang trocken ist, dann wird zweckmäßigerweise so spendabel gegossen, dass die Feuchtigkeit für mehrere Tage vorhält – gut und gerne 20 Liter pro Quadratmeter –, und zwar nach Gusto mit der Gießkanne, dem Schlauch oder einem Sprenger. Die beste Tageszeit dazu ist der Abend, damit die Pflanzen über Nacht ihren Durst stillen können: Am nächsten Morgen stehen sie wie neugeboren da. Extra-Tipp für Frühaufsteher: Auch der Morgen kommt in Frage. Würde man aber mitten an einem Sonnentag gießen, ginge ein Großteil des Wassers gleich verloren, und die Tröpfchen hätten den Effekt von Brenngläsern.

Den Boden nur oberflächlich lockern. So kommt Luft an die Wurzeln.

Gartenvergnügen pur: Knackfrische Möhren aus eigener Ernte.

Ein Fruchtwechsel hat sein Gutes. Jede Gemüsepflanze beansprucht den Boden auf ihre bestimmte Weise: Gurken und Tomaten zum Beispiel wurzeln ziemlich flach und lassen die Nährstoffe in den tieferen Schichten unberührt. Genau von dort wiederum beziehen Porree und Spinat, was sie zum Leben brauchen. Also spricht alles dafür, dass sich Flach- und Tiefwurzler an ein um demselben Fleck immer wieder abwechseln, zumal dadurch ein einseitiger Nährstoffentzug vermieden wird. Auch der Übertragung von Krankheiten und Schädlingen wird vorgebeugt, weil diese meist nicht von einer Pflanzenart auf eine andere überwechseln. Beispiel für ein empfindliches Gemüse: die Petersilie. Sie nimmt es übel, Jahr für Jahr am selben Platz zu stehen. Beispiel für eine tolerante Art: die Tomate. Es schadet nicht, Tomaten jahrelang an dieselbe Stelle zu pflanzen. Für ein prächtiges Wachstum verlangen sie aber viel Sonne und Schutz vor Regen.

Der Boden auf den Gemüsebeeten wird im Sommer nur oberflächlich gelockert, um die Pflanzenwurzeln nicht zu stören – und zwar am besten, wenn er nach einem Regenguss gerade wieder abgetrocknet ist. Wer das Unkraut nicht von Hand zupfen will, benutzt – ganz lazy! – einen Pendeljäter: Mit leichtgängigen Bewegungen kappt er den unerwünschten Wildwuchs, der bei heißer Witterung sofort vertrocknet, sozusagen zu Heu wird und gleich dort liegen bleiben kann.

Ein zäher Boden wird im Herbst grobschollig umgegraben. Ein bereits kultivierter Boden braucht bloß mit der Grabgabel in kurzen Abständen eingestochen oder mit dem Sauzahn durchzogen zu werden – die fruchtbare obere Schicht soll ja nicht auf Nimmerwiedersehen in der Tiefe verschwinden.

Einmal pflanzen, wochenlang ernten: Tomaten begeistern Jahr für Jahr.

Lazy

Jetzt geht's ans Feiern und Genießen

Wer gern Menschen um sich hat,
lädt sie am besten zu sich in den Garten ein

Gartenfeste

Vor einladender Kulisse fühlen sich alle Gäste wohl

Schnell zubereitet und immer wieder gut: Antipasti für das Gartenfest.

Milde Abende in zwangloser Runde machen den Sommer erst richtig zur Erholung. Wenn es so scheint, als wolle die Sonne niemals untergehen und dem Licht erst spät in der Nacht die Stunde schlägt, dann zieht es den Menschen unwiderstehlich ins Freie. Den Sommer gibt's nicht nur in weiter Ferne, wohin die Urlaubssehnsucht strebt. Auch mitten im Garten ist er zu Hause, und dort will er gefeiert werden – am liebsten in fröhlicher Runde. Und je zwangloser es dabei zugeht, desto besser für alle.

Eine attraktivere Kulisse als die in der warmen Jahreszeit blühende Natur kann es kaum geben. Und wie einfach ist es doch, ganz spontan Tisch und Stühle auf den Rasen zu stellen, die Umgebung rund um den Tisch vielleicht mit einigen blühenden Kübelpflanzen oder gartenfrischen Blumen zu schmücken. Dann noch ein paar Kerzen oder Fackeln, und die lauschige Nacht kann kommen, um von den romantischen Geheimnissen des Sommers zu erzählen – oder sie diskret zu bewahren.

Weil Geist und Seele im Körper wohnen, spielt das leibliche Wohl eine wichtige Rolle. Ein paar kühle Getränke in Griffweite und einige Happen zu essen, und der Sommerabend wird zum Genuss.

Ob ein Gartenfest zum fröhlichen Ereignis wird, hängt oft von einem einzigen Gast ab, der sich bisweilen spröde gibt: Sein Name ist Petrus. Er nimmt, ob eingeladen oder nicht, an jeder Feier teil. Solange keine düsteren Wolken seine wetterwendische Laune trüben, haben die Gäste bis weit in die Nacht hinein ihre helle Freude.

Laue Abende bringen Freunde jeden Alters an den Gartentisch.

Würstchen am Spieß, überm Feuer gegart, sind bei Kinder immer gefragt.

Ein Grillfest mit Kindern und der Sommer sind untrennbar verbunden. Wer auf die Nachbarn Rücksicht nimmt, sie mit Geräusch und Geruch nicht über Gebühr strapaziert, wird seinen ungetrübten Spaß an dem kulinarischen Abenteuer haben.

Die Kunst des Grillens ist allerdings nicht ganz ohne. Wichtigste Voraussetzung für ein schmackhaftes Ergebnis ist das richtige Anheizen des Grills, denn das Grillgut soll über oder neben der Glut garen und nicht in offener Flamme verbrennen. Es bietet sich an, nur ausdrücklich als »rauchfrei« gekennzeichnete Grillkohle zu benutzen. Diese wird gleichmäßig im Gartengrill verteilt und am besten mit einem speziellen Grillanzünder zum Glühen gebracht, wobei zusätzlich ein Blasebalg gute Dienste leistet. Das »mündliche« Pusten strengt erstens ziemlich an, und zweitens ist es nicht sonderlich erfreulich, beim Luftholen aufgewirbelte Aschepartikel einzuatmen.

Sobald eine weiße Ascheschicht die gesamte Glut bedeckt, kann der eigentliche Grillvorgang beginnen. Vorsicht: Vom Grillgut sollte kein Fett in die Glut tropfen und verbrennen; die dabei entstehenden Benzpyrene gelten als krebserregend. Zu empfehlen ist deshalb ein Grillrost mit V-förmigen Längsrillen, in denen das Fett ablaufen kann. In Frage kommt auch ein Grill mit aufrecht stehenden Grillkörben neben der Glut – oder gar ein Elektrogrill.

Nicht zu mager sollten die für den Grillrost verwendeten Fleischstücke sein (Fett erst nach dem Grillen entfernen!). Gut geeignet sind Schnitzel, Kotelett (auch vom Lamm), Spareribs, Halsgrat, Spieße sowie – zur Freude der Kinder – viele verschiedene Würstchen. Am besten wird das Fleisch bereits am Vortag in gewürztem Kräuteröl mariniert. In Folie lassen sich Portionsfische, Fischscheiben, Garnelen, aber auch Gemüse grillen. All dies sollte ebenfalls schon tags zuvor locker in gefettete Alufolie eingepackt werden.

Dazu passen Brot und Brezeln sowie frische Gartensalate. Beliebt sind auch Pellkartoffeln, bei Kindern Nudel- und Kartoffel-Gurken-Salat. Auf dem Tisch sollten verschiedene Saucen und Gewürze nicht fehlen. Als Nachspeise ist ein Obstsalat willkommen, für die Kinder Eis oder Wackelpudding. Gibt's zum Essen noch ein kühles Bier, fühlen sich Gäste und Gastgeber rundum verwöhnt.

Zur Beschäftigung der Kinder genügen schon etwas bunte Straßen-Malkreide und der Aufruf zum Malwettbewerb. Und bevor die Kinder nach Hause gehen (müssen), kann sie eine Tombola bei Laune halten, bei der am besten jedes Los gewinnt. Dann haben alle Kinder eine schöne Erinnerung – und ein hübsches kleines Abschiedsgeschenk.

Welche Party darf es sein?

Wer **romantisch unter Rosen** schwelgen möchte, sollte die Rosenmonate abwarten. Volle Blütenpracht ist im Mai und Juni zu erwarten. Dann machen die Rosen mit ihrer Schönheit und ihrem Duft jede andere Dekoration überflüssig. Stilecht wird dazu Rosenbowle serviert, und das Ambiente ist perfekt (Bild oben).

Die **rustikale Gartenparty** zählt zu den beliebtesten Einladungen, denn sie ist unkompliziert und zwanglos. Die Gastgeber sind bei der Auswahl der Speisen kaum gebunden – vom Gemüsekuchen, kalten Braten, Schinken über Geflügel- und Reissalat, Tomaten-, Gurken-, Krautsalat bis hin zu einer reichhaltigen Käseauswahl, Obstkuchen, Apfelstrudel und Schokoladencreme ist schlichtweg alles möglich. Erlaubt ist, was schmeckt (Bild Mitte).

Das **große Sommerfest** stellt die höchsten Anforderungen an das Organisationstalent der Gastgeber. Das macht man nicht mal eben auf die Schnelle, hier ist langfristige Planung und rechtzeitige Vorbereitung angesagt. Zwei originelle Ideen: Dicke Strohballen vom Bauern dienen als eine Art Beistelltisch für Speisen und Getränke, gleiche Dienste leisten gestapelte Ziegelsteine mit einem darauf gelegten Brett. Und die Schubkarre von der Gartenarbeit (oder ersatzweise eine kleine Wanne) muss für die Kühlung der Getränke herhalten (Bild unten).

Je später der Abend …

Die schöne Kulisse des Gartens

und gutes Wetter sind zwar wichtige, aber nicht die einzigen Garanten für ein gelungenes Sommerfest. Erst mit einer stimmungsvollen Beleuchtung kommt wirkliche Romantik auf.

Windlichter, Fackeln und Lampions, verwendbar als Tisch- oder Gartenbeleuchtung, gehören zum Angebot jedes Gartencenters, Kauf- oder Möbelhauses. Windlichter entstehen ganz schnell auch aus leeren Marmeladengläsern oder farbig durchscheinenden Glasgefäßen. Sie lassen sich mit einer kleinblättrigen Efeuranke und ein paar hineingesteckten Blüten dekorieren und auch mit einer Aufhängevorrichtung versehen, damit die Lichtquelle über einem Tisch oder in Bäumen ihren Platz finden kann. Aber Achtung: Das zur Aufhängung verwendete Material und die Zweige müssen der Hitze widerstehen können!

Ebenfalls ausgesprochen dekorativ sind Schwimmkerzen. Dazu ist keineswegs ein ausgewachsener Pool vonnöten: Eine mit Wasser gefüllte flache Form, ob eckig oder rund, verwandelt sich in ein kleines Lichtermeer, und zwar noch umso hübscher, wenn dazwischen locker ein paar Blüten schwimmen.

Der Extra-Effekt: Je mehr Kerzen, desto weniger Stechmücken und andere Insekten. Um sie noch effektiver zu vertreiben, werden auch spezielle Duftkerzen angeboten, die einen für Menschen angenehm wirkenden Geruch verströmen. Den sirrenden Minifliegern aber stinkt deren Rauch, sie verduften lieber.

TIPP

Wenn's nach und nach immer kühler wird, werden einige Gäste anfangen zu frösteln und womöglich ins Wohnzimmer streben. Damit die nach heißen Hochsommer-Tagen als umso frischer empfundene Kühle der Nacht nicht die Gemütlichkeit stört, halten aufmerksame Gastgeber Decken, Strickjacken und Pullover bereit.

Essen

Zu jedem Rezept gehört eine Prise Planung

Um das leibliche Wohl der Gäste drehen sich die meisten Vorbereitungsarbeiten, und zwar unabhängig von deren Anzahl. Endgültig ernst wird's aber ab 15 bis 20 Personen. Sie sprengen den Rahmen und verschieben den sommerfestlichen Schmaus in den Non-lazy-Bereich, sodass dann im Sinne dieses Buches nur noch ein Party-Service mit angeheuerter Mannschaft helfen kann. Wer aber eine »Food Show« eigenhändig auf die Beine stellen will, wird Planung besonders groß schreiben. Ungefähr zwei Wochen vorher geht's los: Speiseplan festlegen, Rezepte heraussuchen – am besten solche, die sich bereits am Vortag zubereiten lassen. Am Tag des Ereignisses bleibt ohnehin noch genug zu tun: Aufstellen der Möbel im Garten, Bereitstellen der Getränke, Dekorieren und Garnieren.

Ein letzter Blick auf all die Köstlichkeiten – die Gäste kommen gleich.

Mit Checklisten geht ans Werk, wer am Tag X keine unliebsamen Überraschungen erleben will. Darin wird notiert, welche Zutaten und eventuellen Spezialitäten in welchen Mengen gebraucht, möglicherweise bestellt oder fertig gekauft werden – immer ausgerichtet auf die Anzahl der geladenen Personen: Jeder Gast sollte von allem etwas abbekommen. Geschirr, Besteck und Anrichteplatten müssen bei Bedarf in der Nachbarschaft ausgeliehen werden. Nicht vergessen: die Desserts! Mitfühlende Gäste nehmen dem Gastgeber ein Rezept ab und bringen das Gericht als Geschenk mit. Übrigens lehrt die Erfahrung, dass jeder einzelne Gast umso weniger verzehrt, je mehr Personen versammelt sind. Es würde also zu einem Überangebot führen, den Normalkonsum eines Einzelgängers schlicht mit der Zahl der Gäste zu multiplizieren.

Beim Aufbau des Buffets ist zu beachten, dass die Gäste von rechts nach links gehen. Also haben rechts die Teller ihren Platz. Es folgen die Speisen in dieser Reihenfolge: Fisch, Geflügel, Braten, Salate, Brot. Vom linken Ende werden dann ganz zum Schluss Bestecke und Servietten mitgenommen.

▸ Spezialitäten aus dem Meer:

Räucherlachs mit Sahnemeerrettich ist denkbar einfach, doch erfahrungsgemäß auf jedem kalten Buffet eine Attraktion. Ebenso beliebt sind frische Garnelen, die in eine würzige Marinade getunkt werden. Hier wurde die Marinade portioniert und in muldenartig ausgehöhlten Melonenschiffchen angerichtet.

▾ Mediterrane Vorspeise: Auberginen ungeschält in Scheiben schneiden, einsalzen, etwa eine Stunde ruhen lassen. Dann waschen, trockentupfen, braten, nochmals salzen, pfeffern, mit Olivenöl beträufeln. Paprikaschoten halbieren, bei 250 °C im Ofen rösten, im Plastikbeutel schwitzen lassen, häuten; in Olivenöl mit Salz und Knoblauch marinieren. Möhren in grobe Stifte schneiden, in Salzwasser garen, in einer Essig-Olivenöl-Majoran-Marinade durchziehen lassen.

Pikantes für's kalte Buffet: Die Beispiele auf dieser Seite zeigen, mit welch einfachen Zutaten sich farbenfrohe Speisen auf den Tisch zaubern lassen. Bis auf die Schnittchen werden alle Gerichte zeitsparend im Voraus zubereitet und am Tag des Sommerfestes nur noch angerichtet. Gerade das Frische und Unverfälschte gibt diesen Gerichten die sommerliche Note. Verfeinerung und Raffinesse haben eher an einer Tafel im Salon ihren Platz.

▴ Griechischer Bauernsalat: Tomaten, Paprikaschoten und Salatgurken, von Samen befreit, in Würfel oder Streifen schneiden; Zwiebeln halbieren und in Scheiben schneiden. Zusammen mit gewürfeltem Schafkäse und dunklen Oliven in einer Schüssel mischen. Mit einer Marinade aus Weißwein-Essig, Olivenöl und Kräutern anmachen, zwei bis drei Stunden durchziehen lassen.

◂ Variationen in Rot und Grün:

Stangenweißbrot, Semmeln, Fladenbrot, frisch aufgebacken und geschnitten, werden im Handumdrehen zu köstlichen Appetithappen: Einfach mit Salzbutter, Doppelrahm-Frischkäse oder selbst gemachter Kräuterbutter bestreichen, dann mit Kresse, Löwenzahn oder Rucola, Radieschen oder Lavendelblüten belegen.

▶ **Obstsalat in der Melone:** Eine Wassermelone halbieren, Kugeln ausstechen und in einer Schüssel mit Zitronensaft beträufeln. Die Melone sauber aushöhlen und nach Belieben mit einem Zackenrand versehen. Pfirsiche, Aprikosen, Bananen und Ananas klein schneiden, zuckern und mit den Kugeln ziehen lassen. Anschließend den fertigen Salat in der Melone anrichten.

▲ **Überraschung aus der Ananas:** Eine große, reife Ananas der Länge nach halbieren. Eine Hälfte (deren Blattschopf erhalten bleibt) aushöhlen, die andere Hälfte schälen. Das gesamte Fruchtfleisch in Scheiben schneiden. Die ausgehöhlte Ananas mit Eiskugeln füllen und mit Feigen, Andenbeere, Karambole und den Ananasscheiben anrichten.

▼ **Erdbeeren mit Sahne:** Sie sind der absolute Sommerhit und bedürfen außer dem leichten Einzuckern keiner weiteren Vorbereitung. Eine hervorragende Variante: Balsamico-Essig mit Honig verrühren und darin die halbierten Erdbeeren marinieren. Die Schlagsahne nur minimal süßen und mit ein wenig Bourbon-Vanillepulver aromatisieren.

◀ **Schneller Obstkuchen:** Fertigen Biskuit-Obstkuchenboden mit einer säuerlichen Konfitüre bestreichen und mit gemischten frischen, tiefgefrorenen oder Kompottfrüchten dicht an dicht belegen. Mit Fruchtsaft einen Tortenguss zubereiten, die Früchte damit dünn überziehen und die Torte bis zum Verzehr kalt stellen.

Trinken

Ein erfrischender Schluck auf das Wohl der Runde

Bevor so ein Cocktail die Kehle hinunterrinnt, erfrischt er das Auge.

Ein Sommerfest hat mit guter Laune zu tun, da kommt ein prickelnder Sekt oder ein perlender Champagner als Begrüßungstrunk wie gerufen. Natürlich kann man ihn pur genießen oder nach vielfacher Gewohnheit mit Orangensaft mischen – zuerst den Saft ins Glas gießen, dann auffüllen. Aber wie wär's mal mit einer Variante: Sekt oder Champagner ins Glas füllen, pro Glas 2 cl Triple Sec (Orangenlikör) dazu geben und den Glasrand mit einem Stück Orangenschale dekorieren.

Ebenfalls zu den Klassikern zählen die folgenden zwei Rezepturen:

- 1 Stück Würfelzucker mit einigen Tropfen Angostura tränken, in ein Sektglas legen und mit Sekt/Champagner auffüllen.
- Und natürlich Kir Royal: 1 cl Crème de Cassis in ein hohes Sektglas gießen, mit Champagner oder Sekt auffüllen.

Laue Abende verlangen nach kühlen und/oder spritzigen Getränken. Das Bier vom Fass zu einem Grillfest oder einem rustikalen Buffet ist kaum zu überbieten. Auch eine erfrischende Früchtebowle ist immer willkommen, wenn sie sich aus hochwertigen Zutaten zusammensetzt: Trockener Weißwein, Qualitätssekt, nicht zu viel Zucker und keine Spirituosen; die Früchte kommen vielleicht sogar aus dem eigenen Garten – Erdbeeren (mit rotem Sekt), Pfirsiche oder Aprikosen (Früchte vorher blanchieren und häuten), verschiedene Strauchbeeren – oder es sind Kiwi, Ananas oder andere Exoten. Für die bessere Bekömmlichkeit darf durchaus auch mit Mineralwasser »verlängert« werden. Eine hübsche Idee zum Kühlen der Bowle: Etwas Bowle in Eiswürfelbehälter gießen, in jeden Würfel ein Stückchen Frucht einsetzen, das Ganze gefrieren lassen und die Bowle mit den Eiswürfeln anrichten.

Natürlich sollte immer eine ausreichende Menge Mineralwasser bereit stehen, dazu frisch gepresster Zitronensaft oder eben die beschriebenen Eiswürfel.

▶ **Rosenbowle:** Etwa 2 bis 3 Hand voll Blütenblätter duftender Rosen behutsam waschen, trockentupfen und die weißen Ansätze entfernen. In einem Bowlengefäß mit Zucker bestreuen und ein Achtel des Weißweins hinzugießen. Eine bis anderthalb Stunden ziehen lassen, Blütenblätter entfernen. Vor dem Anrichten mit eisgekühltem Sekt aufgießen und mit einigen Blütenblättern garnieren.

▲ **Bowle mit Zitronenmelisse:** Das intensive Aroma, das der Zitronenmelisse zu ihrem Namen verhalf, gibt der Bowle eine kühle Frische. Die Blätter der Zitronenmelisse waschen, mit Küchenpapier trockentupfen, im Bowlengefäß mit trockenem Weißwein übergießen und 2 bis 3 Esslöffel Zucker einstreuen. Kalt stellen. Vor dem Servieren mit gekühltem Sekt auffüllen und mit einer Zitronenspirale dekorieren.

▼ **Blühende Früchtebowle:** Sie alle funktionieren nach dem gleichen Rezept: Die Früchte je nach Art vorbereiten, mit Limettensaft beträufeln, leicht zuckern, mit trockenem Weißwein ansetzen und 6 bis 8 Stunden kalt stellen. Die Blüten – Gänseblümchen, Duftveilchen, Gewürz-Tagetes – einstreuen und mit gekühltem Sekt aufgießen.

◀ **Frisch gezapft:** Ein frisches, kühles Bier vom Fass zählt zu den Highlights eines jeden Sommerfestes. Leider sind Holzfässer kaum noch zu bekommen, da Metallfässer inzwischen einen unumkehrbaren Siegeszug angetreten haben. Die Zapfgarnitur wird auf Wunsch von der Brauerei mitgeliefert. Wird das Fass mit nassen Tüchern bedeckt oder umwickelt, bleibt das Bier lange Zeit kühl.

Dekoration

Schmückende Blumen in fröhlichen Farben

Schade, dass so eine Tischdekoration nicht für immer bleiben kann.

Mit seinen bunten Blumen ist der Garten schon für sich allein der nahezu unübertreffliche Rahmen für ein Sommerfest. Aber mit ein paar liebevoll arrangierten Details, die ihrerseits aus dem Garten kommen können, lässt sich die Szenerie noch einladender gestalten. Dabei gilt nicht etwa zwingend die Harmonie der Farbenlehre, denn in der Natur »beißt« sich (fast) nichts; doch eine ausgewogene Farbstimmung macht alles noch umso schöner. Vor allem sollten fröhliche Farben zum Zuge kommen: Sonnengelb, leuchtendes Rot oder Blau, kombiniert mit frischen Grüntönen.

Zweige und Blumen direkt aus dem Garten machen sich gut in Gießkannen oder Eimern – wer deren Anblick zu profan findet, stellt sie eben in Terrakotta-Töpfe. Dann werden sie in der Umgebung der geschmückten Tische verteilt. Ein Trick: Die Eimer oben mit feinmaschigem Drahtgeflecht bespannen, dann können die Zweige und Blütenstängel auch einzeln gesteckt werden. Das verringert den Bedarf an dekorativem Pflanzenmaterial. Große Span-, Holz- oder Weidenkörbe bieten sich ebenfalls dazu an, mit Folie und passend zugeschnittener, getränkter Steckmasse ausgekleidet zu werden, um den Pflanzenschmuck in sich aufzunehmen. Große Schleifen, farblich auf die Blüten und die Tischdecken abgestimmt, bilden das i-Tüpfelchen.

Auch Früchte und Gemüse, in Körben oder Pflanzschalen angerichtet und auf Klappstühlen in die Wiese gestellt, geben eine zauberhafte Dekoration ab – vielleicht dürfen die Gäste ja sogar davon essen. Den Inbegriff einer reizvollen Sommerstimmung verbreiten schließlich Strohhüte, die – mit Grünzeug und Blumen besteckt – ins Gezweig der Bäume gehängt oder an die Rückenlehnen der Stühle gebunden werden.

Ein Tisch blüht auf

Die Düfte und die bunten Farben

frischer Blumen gehören zur Gartenparty wie Sommer, Sonne und wohlige Wärme. Ausgewogenheit und Harmonie geben dem Fest einen fröhlichen Rahmen.

Jeder noch so attraktive Tischschmuck

ist nur halb so viel wert, wenn er die Sicht zum gegenüber sitzenden Gast versperrt. Er muss also flach gehalten sein, außerdem in seiner Art zum Typ der Einladung passen. Möglichst schlichte, unaufdringliche Arrangements erzeugen meist die größte Wirkung. So sind Ende Juni Sträußchen der letzten Maiglöckchen und Vergissmeinnicht, aber auch die ersten Rosen ein bezaubernder und völlig

ausreichender Tischschmuck. Zu einer Grillparty ist Rustikaleres gefragt: Blätter, Beeren, Früchte, Kräuter, Sonnenblumen, Lampionblumen und immer wieder Rosen, jeweils einzeln oder gemischt zu Kränzchen oder Girlanden gebunden. Auf nicht eingedeckten Tischen, zum Beispiel anlässlich eines großen Sommerfestes mit kaltem Buffet, sind Dekorationen am Platz, die bei der Ankunft der Gäste als alleiniger Tischschmuck dienen: Längs in der Tischmitte viele kleine Buketts aneinander reihen, ein Gesteck in einer langen Schale in Steckmasse arrangieren, die Längsachse mit Streublümchen und Blütenblättern ausstreuen und dort hinein die Windlichter stellen.

Wer keine speziellen Vasen in ausreichender Anzahl besitzt, sammelt (rechtzeitig beginnen!) geeignete Gläser aller Art, kleine Flaschen, undurchsichtige Gefäße zum Stecken sowie flache, möglichst längliche Schalen zum Arrangieren von Beeren- und Früchtegestecken.

TIPP

Kerzenkranz: Steckmasse-Ring (Durchmesser: 10 cm) in eine passende Kranzform legen, tränken, hohe Kerze in die Mitte stellen. Efeublätter mit Hilfe von Steckdrähten möglichst dicht auf der Steckmasse anordnen, bei Bedarf mit Polstermoos ausfüllen. In die Zwischenräume Rosenknospen stecken.

Bezugsquellen

Garten-Versandhandel

Gärtner Pötschke
Beuthener Str. 4
41561 Kaarst
Tel. 0 21 31 / 7 93-333
Fax 0 21 31 / 7 93-444
www.gaertner-poetschke.de

Dehner
86640 Rain am Lech
Tel. 0 90 02 / 77-0
Fax 0 90 02 / 77-395
Katalog-Bestellung über
Tel. 0 90 02 / 77-282
www.dehner.de

Gartenbedarf-Versand
Richard Ward
Günztalstr. 22
87733 Markt Rettenbach
Tel. 0 83 92 / 16 46
Fax 0 83 92 / 12 05
www.gartenbedarf-versand.de

Pflanzen

Die nachfolgenden Gärtnereien versenden auch ihre Pflanzen und geben teilweise sehr schöne Kataloge heraus:

Stauden

Staudengärtner
Heinz Klose
Rosenstraße 10
34253 Lohfelden
Tel. 05 61 / 51 55 55
Fax 05 61 / 51 51 20

Odenwälder Pflanzkulturen
Kayser & Seibert
Wilhelm-Leuschner-Str. 85
64380 Roßdorf bei Darmstadt
Tel. 0 61 51 / 90 68 oder
01 70 / 6 35 50 74

Staudengärtnerei Gräfin von Zeppelin Laufen/Baden
79295 Sulzburg-Laufen/Baden
Tel. 0 76 34 / 6 97 16
Fax 0 76 34 / 65 99
www.graefin-v-zeppelin.com

Staudengärtnerei
Dieter Gaissmayer
Jungviehweide 3
89257 Illertissen
Tel. 0 73 03 / 72 58
Fax 0 73 03 / 4 21 81
www.staudengaissmayer.de

Österreich:
Praskac Pflanzenland
A-3430 Tulln/Donau
Tel. ++ 43 / 22 72 / 62 46 00
Fax ++ 43 / 22 72 / 6 38 16
www. praskac.at

Stauden Feldweber
A-4974 Ort im Innkreis
Tel. ++ 43 / 77 51 / 83 20
Fax ++ 43 / 77 51 / 83 20 16
www. feldweber.com

Schweiz:
Staudengärtnerei
Hansuli Friedrich
CH-8476 Stammheim
Tel. ++ 41 / 52 / 7 44 00 44
Fax ++ 41 / 52 / 7 44 00 45

Clematis

Friedrich Manfred Westphal
Peiner Hof 7
25497 Prisdorf
Tel. 0 41 01 / 7 41 04
Fax 0 41 01 / 78 11 13

Rosen

Rosarot Pflanzenversand
Gerd Hartung
Besenbek 4b
25335 Raa-Besenbek
Tel. 041 21 / 42 38 84
Fax 041 21 / 42 38 85

W. Kordes Söhne
25365 Klein Offenseth-Sparrieshoop
Tel. 0 41 21 / 48 70 0
Fax 0 41 21 / 8 47 45
www.kordes-rosen.com

Rosen Tantau
Tornescher Weg 13
25436 Uetersen
Tel. 0 41 22 / 70 84
Fax 0 41 22 / 70 87
www.rosen-tantau.com

Werner Noack
Im Fenne 54
33334 Gütersloh
Tel. 0 52 41 / 2 01 87
Fax 0 52 41 / 1 40 85

Rosen-Union
Steinfurther Hauptstraße 27
61231 Bad Nauheim-Steinfurth
Tel. 0 60 32 / 96 53 01
oder 8 20 68
Fax 0 60 32 / 8 62 20
www.rosen-union.de

Österreich:
Grumer Rosen
Raasdorfer Str. 28-30
A-2285 Leopoldsdorf
Tel. ++ 43 / 22 16 /2 22 30
Fax ++ 43 / 22 16 / 2 22 33

Schweiz:
Richard Huber AG
Rothenbühl 8
CH-5605 Dottikon AG
Tel. ++ 41 / 56 / 6 24 18 27
Fax ++ 41 / 56 / 6 24 24 24

Rhododendren, Moorbeet- und Heidepflanzen

Baumschule H. Hachmann
Brunnenstr. 68-1
25355 Barmstedt
Tel. 0 41 23 / 24 70
Fax 0 41 23 / 66 26

Rhododendron-Kulturen
Dietrich Hobbie
26655 Westerstede-Linswege i.O.
Tel. 0 44 58 / 91 81 31

Rasen

Rasenmischungen

Wolf-Garten GmbH & Co KG
Industriestr. 83–85
57518 Betzdorf
Tel. 0 27 41 / 2 81-0
Fax 0 27 41 / 2 81-255
www.wolf-garten.com
(u. a. »Holiday«, langsam wachsende Rasenmischung, und Rasenrolle »Nova Grow«)

Rollrasen

Norddeutsche Rasenschule
Lohe 61
22397 Hamburg
Tel. 0 40 / 6 07 15 51
Fax 0 40 / 6 07 21 98

Schmitz & Bollig-Commer GbR
Ophof
53332 Bornheim
Tel. 0 22 27 / 62 49
Fax 0 22 27 / 90 52 09
www.rasenrolle.de

J. u. M. Stegmair
Klenauer Str. 1
86561 Aresing-Ober-wellenbach
Tel. 0 84 45 / 2 61
Fax 0 84 45 / 14 63
www.rollrasen.com

Rasenmäher

Hier bieten eine ganze Reihe von Firmen Geräte unterschiedlicher Ausführung an. Nachfolgend eine Auswahl:

Wolf-Garten (siehe unter Rasen)

Brill Gartengeräte GmbH
Därmannsbusch 7
58456 Witten
Tel. 0 23 02 / 7 00-0
Fax 0 23 02 / 7 00-66
www.brillgarten.de

Sabo Maschinenfabrik GmbH
Postfach 31 03 93
51618 Gummersbach
Tel. 0 22 61 / 7 04-0
Fax 0 22 61 / 7 04-104
www.sabo-maschinen.de

Viking
Stihl Vertriebszentrale AG & Co
Robert-Bosch-Str. 13
64807 Dieburg
Tel. 0 60 71 / 2 04-0
Fax 0 60 71 / 20 41 29
www.stihldeutschland.de

Solo Kleinmotoren GmbH
Postfach 60 01 52
71050 Sindelfingen
Tel. 0 70 31 / 3 01-0
Fax 0 70 31 / 30 11 30
www.solo-germany.com

RoboMow (Mäh-Roboter)

Roth Motorgeräte GmbH & Co.
Stuifenstr. 48
74385 Pleidelsheim
Tel. 0 71 44 / 2 05-0
Fax 0 71 44 / 2 05-107
www.roco.de

Toro (siehe Roth Motorgeräte)

Rasen-Lüfter-Schuhe

ASV Versand GmbH
Rössbühlstraße 55–57
77830 Bühlertal
Tel. 0 72 23 / 97 15 12
Fax 0 72 23 / 97 15 14

Rasenkante

W. Neudorff GmbH KG
Postfach 1209
31857 Emmerthalm
Beratungstelefon:
01 80 / 5 63 83 67
Fax 0 51 55 / 60 10
www.neudorff.de

Blumenwiese

Conrad Appel GmbH
Bismarckstr. 59
64293 Darmstadt
Tel. 0 61 51 / 92 92-0
www.conrad-appel.de

Syringa Samen
Bernd Dittrich
Bachstraße 7
78247 Hilzingen-Binningen
Tel. 0 7739 / 14 52
Fax 0 77 39 / 6 77

Boden-untersuchung

Ein Verzeichnis der Bodenuntersuchungsstellen erhalten Sie bei:
VDLUFA
Bismarckstr. 41A
64293 Darmstadt
Tel. 0 61 51 / 95 58 40
Fax 0 61 51 / 29 33 70

Mulchen

Gründüngungs-Mischungen

Carl Sperling & Co.
Hamburger Str. 35
21339 Lüneburg
Tel. 0 41 31 / 3 01 70
Fax 0 41 31 / 30 17 45
www.sperli-samen.de
(u. a. Grünaktiv, Grünhumus)

Wässern

Tropfbewässerung, Beregnungsanlagen, Pipeline-Systeme

Gardena
Kress & Kastner GmbH
Hans-Lorenser-Str. 40
89079 Ulm
Tel. 07 31 / 49 00
Fax 07 31 / 57 85 48
www.gardena.de

Laquatec GmbH & Co.
Postfach 21 73 49
67073 Ludwigshafen
Tel. 06 21 / 5 72 91-0
Fax 06 21 / 57 85 48
www.laquatec.de

Rehau AG & Co.
Rheniumhaus
95111 Rehau
Tel. 0 92 83 / 77-0
Fax 0 92 83 / 10 16
www.rehau.com

Zeitschaltuhren und Bewässerungscomputer

Bosch
Robert Bosch GmbH
Postfach 10 01 56
70745 Leinfelden-Echterdingen
Tel. 07 11 / 7 58-0
Fax 07 11 / 7 58-22 54

Gardena
(Adresse siehe oben)

Tropf- und Sprühschläuche

Gardena

Laquatec

Rehau

(Adressen siehe oben)

Tropf-Blumat

Den Tropf-Blumat (für Gefäße) und den Garten-Blumat (fürs Freiland) gibt es in den meisten Garten-Centern sowie über den Garten-Versandhandel.

Pflanzgefäße mit Wasserspeicher

Teku
Pöppelmann GmbH & Co.
Kunststoffwerk – Werkzeugbau
Bakumer Str. 73
49393 Lohne
Tel. 0 44 42 / 9 82-335
Fax 0 44 42 / 9 82-112

Düngen

Langzeitdünger

Osmocote
Scotts Celaflor GmbH & Co. KG
Konrad-Adenauer-Str. 30
55218 Ingelheim
Tel. 0 61 32 / 78 03-0
Fax 0 61 32 / 20 67
www.celaflor.de

Rasen-Floranic
Compo GmbH
Postfach 21 07
48008 Münster
Tel. 02 51 / 32 77-0
Fax 02 51 / 32 77-260
www.compo.de

Kompostieren

Neudorff GmbH KG
An der Mühle 3
31860 Emmerthal
Tel. 0 51 55 / 62 41 16
Fax 0 51 55 / 6 24 71 16
www.neudorff.de

Stiga GmbH
Albert-Steeger-Str. 28
47638 Straelen
Tel. 0 28 34 / 9 39 00
Fax 0 28 34 / 7 87 19
www.stiga.com

Remaplan GmbH
Marxhofstr. 1
82008 Unterhaching
Tel. 0 89 / 61 52 10-0
Fax 0 89 / 61 52 19-19
www.remplan.de

Orbis Kipp-Komposter (Bilder siehe Seite 129) ist u. a. erhältlich bei:

Bayrische Gartenakademie
Postfach 11 40
97205 Veitshöchheim
Tel. 09 31 / 98 01-0

Gabriele Tissot – Gutes für den Garten
Rother Str. 37
91126 Rednitzhembach
Tel. 0 91 22 / 6 12 82

Gartenmöbel

Gar de Luxe
Postfach 22 30
58449 Bad Bentheim
Tel. 0 59 24 / 99 08 00
www.gardeluxe.com

Garpa
Garten & Park Einrichtungen GmbH
Kiehnwiese 1
21039 Escheburg bei Hamburg
Tel. 0 41 52 / 92 52 00
Fax 0 41 52 / 92 52 50
www.garpa.de

Hesperiden GmbH
Herr Fleischmann
In der Schmalau 4
90427 Nürnberg
Tel. 09 11 / 30 58 88
Fax 09 11 / 30 63 11

Sapristi-Möbel
Hauptstr. 14
55596 Wallhausen
Tel. 0 67 06 / 60 18
Fax 0 67 06 / 16 80
www.sapristi.de
(Spezialanbieter von Robinien-Möbeln)

Sky chair
Pimiento e.K.
Joseph-Dollinger-Bogen 13
80807 München
Tel. 089 / 32 22 85 33
Fax 089 / 32 22 85 30
www.pimiento.de

Interessante Internet-Adressen rund um den Garten

www.garden.com
(der Klassiker; Vorreiter der Garten-Internetseiten aus den USA)

www.gartenbau-robot.de
(Suchmaschine zu allen Gartenthemen)

www.living-at-home.de
(Zeitschriften-Infos rund um Garten und Wohnen)

www.MyParadise.de
(Anbieter mit Versandhandel)

Stichwortverzeichnis

Erläuterungen:
* = Abbildung (außer in Tabellen)
[T] = Tabelle (mit Pflanzenporträt und Abbildung)

Bildnachweis:

Bieker: 45 1.v.o., 45 7.v.o., 52ur, 60u 7.v.li., 61u 1.v.li.
Borstell: 20r, 2ur, 30l, 8, 11, 14, 20, 21, 22, 23o, 24 1.v.o., 24 2.v.o., 24 6.v.o., 25m, 25or, 25ul, 28ol, 29, 30ol, 31, 35o, 37 2.v.o., 37 3.v.o., 37 4.v.o., 37 6.v.o., 39, 41, 45 2.v.o., 45 5.v.o., 49 1.v.o., 49 3.v.o., 49 6.v.o., 50o, 50m, 52l, 52or, 53, 54, 56, 57ol, 57or, 57ml, 57mr, 57ul, 57ur, 58o, 59uro, 59uru, 59ul, 60o 4.v.li., 60o 5.v.li., 60o 7.v.li., 60u 1.v.li., 60u 3.v.li., 60u 6.v.li., 61o 2.v.li., 61o 3.v.li., 61o 6.v.li., 61o 7.v.li., 61o 8.v.li., 61u 7.v.li., 62, 63, 65o 2.v.li., 65o 4.v.li., 65o 7.v.li., 65u 1.v.li., 65u 2.v.li., 65u 4.v.li., 65u 6.v.li., 66ru, 67o, 68o, 68u, 70or, 74 3.v.o., 74 8.v.o., 75o, 78 2.v.o., 78 3.v.o., 78 5.v.o., 78 7.v.o., 78 8.v.o., 79m, 8ol, 80or, 80ur, 82, 85u, 87o 1.v.li., 87o 2.v.li., 87o 3.v.li., 87o 4.v.li., 87o 5.v.li., 87o 7.v.li., 87u 4.v.li., 87u 6.v.li., 87u 7.v.li., 94u,96u, 127u
Fischer G.: 30m, 32, 33, 75m, 79u, 83, 85m, 90u, 130o, 131o
Hagen: 24 3.v.o., 24 4.v.o., 49 2.v.o., 49 5.v.o., 61u 6.v.li., 61u 8.v.li., 65o 1.v.li., 65u 5.v.li., 65u 7.v.li., 78 1.v.o., 87u 2.v.li., 89, 114ur
Hoppe: 142o, 145m, 146m, 149ur, 153u
Krieg: 12, 141, 142u, 143, 144, 145o, 145u, 146o, 146u, 147, 148ml, 148mr, 148o, 148u, 149m, 149or, 149ul, 150, 151m, 151ol, 151or, 151ul, 151ur, 152
Luceplan: 51u
MaeDia: 24 7.v.o., 74 1.v.o.
Markley: 24 5.v.o., 37 5.v.o., 37 8.v.o., 49 8.v.o., 74 2.v.o.
Neudorff: 66ro
Premium/ChromaZone: 1, 3ur
Redeleit: 10, 15ml, 15mr, 15ol, 15or, 15ur,30mr, 30or, 42u, 43, 47, 49o, 50u, 72, 75u, 79o, 84, 86u, 91m,91or, 91ul, 96o, 97o, 109u, 116ml, 116mr, 116o, 116ul, 116ur, 117m, 124m, 124o, 124u, 125ul
Reinhard: 23u, 35m,35u, 42o, 37 7.v.o., 51o, 58m, 58u, 59o, 61u 3.v.li., 69m, 70ur, 73, 74 4.v.o., 74 5.v.o., 74 6.v.o., 76, 78 4.v.o., 91ol, 97oml, 97omr, 97u, 97uml, 97umr, 98mr, 105o, 112r
Romeis : 2ml, 20m, 3ul, 4, 7, 19, 28mr, 28or, 28ur, 45 8.v.o., 52mr, 60o 2.v.li., 60o 6.v.li., 60u 4.v.li., 61o 1.v.li., 61o 4.v.li., 65u 3.v.li., 87u 3.v.li., 87u 5.v.li.
Roth: 119o, 119u
Seidl: 61u 2.v.li.
Stangl: 24 8.v.o., 37 1.v.o., 38u, 45 3.v.o., 45 6.v.o., 49 4.v.o., 49 7.v.o., 59urm, 60o 1.v.li., 60o 3.v.li., 60u 2.v.li., 60u 5.v.li., 61o 5.v.li., 61u 4.v.li., 61u 5.v.li., 65o 3.v.li., 65o 5.v.li., 65o 6.v.li., 70mr, 71o,71u, 74 7.v.o., 78 6.v.o., 86o, 87u 1.v.li., 87o 6.v.li., 98l, 98ur, 99u, 104r, 105or, 105ur, 133o, 135ur, 136l
Stein: 2ul, 7ol, 71m, 85o, 98or, 107, 115u, 125ur
Stork: 2mr, 2ol, 3or, 9, 13, 15ul, 25ur, 30ur, 38m, 38o, 46, 66l, 90o, 92o, 92u, 93, 94m, 94o, 99m, 99o, 101, 102l, 102r, 103o, 103ul, 103ur, 104l, 106m+u, 106o, 108, 109o, 110, 111m, 111o, 112l, 113m, 113o, 113u, 114m, 114o, 114ul, 115m, 115o, 117u, 120ml, 120mr, 120o, 120ul, 120ur, 121m, 121o, 121u, 122ml, 122mr, 122o, 122u, 123o, 123u, 125o, 126m, 126o, 127m, 127o, 128m, 128o, 128ul, 128ur, 129m, 129o, 129ul, 129ur, 130u, 131u, 132ml, 132mr, 132o, 132u, 133m, 133u, 134, 135mr, 135o, 135or, 136r, 137m, 137o, 137u, 138m, 138o, 139m, 139o, 139u, 149ol, 153m, 153o
Strauß: 45 4.v.o., 105mr
Welsch: 40
Witt: 69o
Wolf: 67u, 118

Grafiken: Reinhild Hofmann,
Heidi Janiček (Seite 110 und 134)

4., durchgesehene Auflage

Die Deutsche Bibliothek –
CIP-Einheitsaufnahme

Ein Titeldatensatz für diese Publikation ist bei
Der Deutschen Bibliothek erhältlich

BLV Verlagsgesellschaft mbH
München Wien Zürich
80797 München

Umschlaggestaltung:
Joko Sander Werbeagentur, München

Umschlagfotos:
Vorderseite: Premium/Chroma Zone
Rückseite: Jürgen Stork
Vordere Umschlagklappe: Jürgen Stork (oben), Grafik Reinhild Hofmann (unten)
Hintere Umschlagklappe: Jürgen Stork (oben), Roland Krieg (unten)

Lektorat: Dr. Thomas Hagen
Herstellung: Hermann Maxant

Layout und DTP:
Parzhuber & Partner, München

Reproduktionen: Repro Ludwig, Zell a. See
Druck: Appl, Wemding
Bindung: Conzella Urban Meister, Heimstetten

Gedruckt auf chlorfrei gebleichtem Papier

ISBN 3-405-16098-7

Damit Ihr Garten immer schöner wird

Rosa Wolf/Fotos: Ursel Borstell
Gartenpflanzen
Konkurrenzlos gut – das Gartenpflanzen-Handbuch für die Praxis: rund 450 Blumen, Stauden und Gehölze in ausführlichen Porträts, Kombinationsmöglichkeiten und Gestaltungsbeispiele mit Pflanzplänen für typische Gartenbereiche.

Wolfram Franke
Gartenpraxis Schritt für Schritt
Das Basiswissen für die erfolgreiche Gartenarbeit: Boden bearbeiten, Pflanz- und Pflegearbeiten im Nutz- und Ziergarten, Rasen anlegen und pflegen, Pflanzen vermehren usw.

Robert Markley
Ziergehölze für den Garten
Besonders attraktiv, für jeden Garten, überall erhältlich und leicht zu pflegen: die 250 besten Arten und Sorten für jeden Zweck: von Laub- und Nadelgehölzen bis zu Rhododendron und Klettergehölzen; mit wertvollen Praxistipps.

blv garten plus
Rosa Wolf
Sitzplätze im Garten
Schöner Wohnen im Grünen: Sitzplätze planen, gestalten, bauen und verschönern – von Gartenbank und Hängematte bis zu Laube und Pavillon.

Martin Stangl
Mein Hobby – der Garten
Der millionenfach bewährte Ratgeber – jetzt komplett überarbeitet und abgestimmt auf die geänderten Ansprüche an Gärten von heute: zuverlässige Informationen zu allen Gartenbereichen mit vielen wertvollen Profi-Tipps für die Praxis.

blv garten plus
Peter Lange
Kübelpflanzen
Urlaubsstimmung für zu Hause: die schönsten Arten und Sorten im Porträt, Standorte, Gefäße, Pflegen, Überwintern, Pflanzenschutz.

Jutta Korz
Gärten umgestalten
Der Problemlöser: das Praxisbuch zur Garten-Umgestaltung Schritt für Schritt, Vorschläge und Ergebnisse mit konkreten Beispielen vorher – nachher, die Umgestaltung von Teilbereichen, Renovierung ganzer Gärten.

Hans Martin Schmidt
Gartenfreude rund ums Jahr
Unentbehrlich für Einsteiger, nützlich für Könner: alle monatlich anfallenden Arbeiten im Zier-, Gemüse- und Obstgarten mit präzisen Arbeitsanleitungen; wichtiges Basiswissen – z.B. zu Düngung, Werkzeugpflege u.v.m.

Im BLV Verlag finden Sie Bücher zu den Themen: Garten und Zimmerpflanzen • Natur • Heimtiere • Jagd und Angeln • Pferde und Reiten • Sport und Fitness • Wandern und Alpinismus • Essen und Trinken

Ausführliche Informationen erhalten Sie bei:

BLV Verlagsgesellschaft mbH
Postfach 40 03 20 • 80703 München
Tel. 089/127 05-0 • Fax -543 • http://www.blv.de